ВИКТОР ШЕНДЕРОВИЧ

Соло на флейте

Конец света в диалогах и документах

Москва 2015

УДК 821.161.1-3
ББК 84Р7-4
Ш47

Иллюстрации — Денис Лопатин
Макет и оформление — Валерий Калныньш

Шендерович В.
Ш47 Соло на флейте : Конец света в диалогах и документах. — М.: Время, 2015. — 560 с.
ISBN 978-5-9691-1274-2

«...Вещь замечательная не столько по сюжету (впрочем, притча сильная, отчаянно безнадежная), сколько из-за того, что в ней во всем блеске раскрылся Ваш поразительный дар передавать человеческие голоса. Текст производит впечатление непрерывного потока звуковых галлюцинаций. По-моему, такой техникой не владеет сейчас никто. Да это и не техника, это некоторым так везет. Например, Бальзаку в «Шагреневой коже», в сцене пирушки...» (Самуил Лурье в письме Виктору Шендеровичу)

ББК 84Р7-4

ISBN: 978-5-9691-1274-2

ISBN 978-5-9691-1274-2

© Виктор Шендерович, 2015
© Денис Лопатин, графика, 2015
© «Время», 2015

Вот флейта. Сыграйте на ней что-нибудь...

Из «Гамлета»

Mod

Часть первая

erato

1.

МАЙСКИЕ ПРАЗДНИКИ. ГОЛОСА

— «Как у-упои-ительны в России-и... вечера-а...»
— По пивасику?
— «...имеет префект Восточного округа...»
— Не, ну это реально круто!
— «Оттянись с Радио-Кекс!»
— Чурка, ушел отсюда быстро!
— «Россия — щедрая душа!»
— Мегаржач!
— Отстой конкретный.
— «...по цене одного!»
— Я думала...
— Мне похер, что ты думала!
— «И вальсы Шуберта, и хруст французской бу-улки...»
— Урюк! Ушел отсюда! Чего не ясно, урюк?

2.

ГОЛОСА
В БОЛЬНИЦЕ

— Не получилось! Не получилось!
— Опять он завел свое... А? Ну ты подумай!
— Что у тебя не получилось, урод?
— Нехорошо, все нехорошо!
— Щас будет тебе хорошо!
— Достал уже, заткнись!
— Заключение отрицательное!
— Какое, мля, заключение?
— Да сунь ты ему в скрипальник, заманал уже!

3.

ИЗ ИСТОРИИ БОЛЕЗНИ

«Мужчина, по виду 50—55 лет, переведен из больницы № 33, куда был доставлен по "скорой помощи". На приеме: выглядит истощенным, подавлен, плачет, повторяет слова "не получилось" и "заключение отрицательное". Своего имени не помнит, на вопросы отвечает неадекватно, критика слабая…»

4.

ФЕЙСБУК, ПОЛЬЗОВАТЕЛЬ SEMYON KALOSHIN

«Приятель-психиатр рассказал: привезли ему в больничку чувака по профилю. Лысенький, ростом с мальчика, плачет и невнятицу лепечет. Ну, закачали ему в вену всякой дряни, заснул он и во сне начал петь. Вот что поют приличные люди? А этот завел Первый концерт Чайковского! Громко так, причем чисто. Лежит, зенки закатил и шарашит в голос на ля-ля. Его чуть насмерть не забили. Растет уровень культуры, растет!»

Понравилось 17 пользователям.

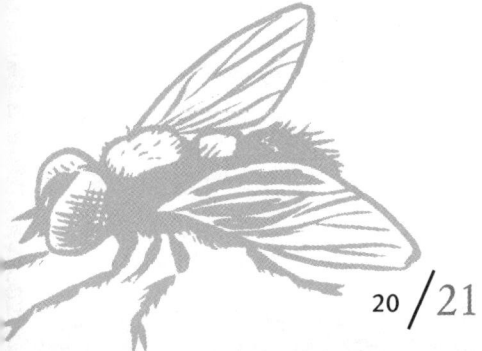

5.

ФЕЙСБУК, ПЕРЕПИСКА

ПОЛЬЗОВАТЕЛЬ ГЕОРГИЙ ДУБКО — ПОЛЬЗОВАТЕЛЮ BORIS GOLDBERG

«Здорово, Златогорский! У меня тут интересный случай по профилю. Не знаешь ли, что может означать вот такой ряд чисел — 331, 965, 1284?»

«Жора, дорогой! У тебя гугл отрубился? Это скорость распространения звука в воздухе, гелии и водороде, в метрах в секунду. А тебе что, физика привезли?»

«Да вот не знаю, кого мне привезли, как раз пытаюсь понять. Прости, что затупил с гуглом — смешно».

6.

ТЕЛЕФОННЫЙ РАЗГОВОР

— Интересный случай вы описываете, Георгий. Я бы пока поставил логорею на фоне нервного истощения.
— Так я и поставил, Андрей Михайлович! Но — поразительный случай! — знает период обращения Земли, с точностью до секунды скорость звука в разных средах... Лежит без сознания и бормочет справочники. Чайковского поет и шпарит по-латыни!
— Chartae standum est...
— Нет, этого вроде не было.
— Я говорю, «документ важнее свидетельства». Надо бы записать.
— Уже записал!

7.

РАЗГОВОР В КАБИНЕТЕ ГЛАВВРАЧА

— Надо с этим заканчивать.
— Николай Петрович!
— Он третий день лежит в отдельной палате...
— Но вы же знаете: в общей он не выживет! Он плачет, все волнуются... Они его уже били...
— Я их понимаю.
— Николай Петрович!
— На выписку, на выписку, хватит! Адрес его узнали?
— Он ничего не помнит.
— Узнавайте, Дубко, и давайте заканчивать с этим. И еще — знаете, надо бы сообщить о нем...
— Куда?
— Сами знаете куда. Цифры эти, период земли, калий...
— Гелий.
— Неважно. Нехорошо это все...
— Это несекретные цифры, Николай Петрович!
— Откуда нам знать. Вы сами говорите: странный тип.
— Я не говорил «странный тип»! Тут редкий случай, непонятный, надо бы изучить по-настоящему, понаблюдать...
— Во-во: понаблюдать. На выписку — до конца недели! А я позвоню куда следует.

8.

ПЕРВЫЙ РАЗГОВОР С КАПИТАНОМ КОРНЕЕВЫМ

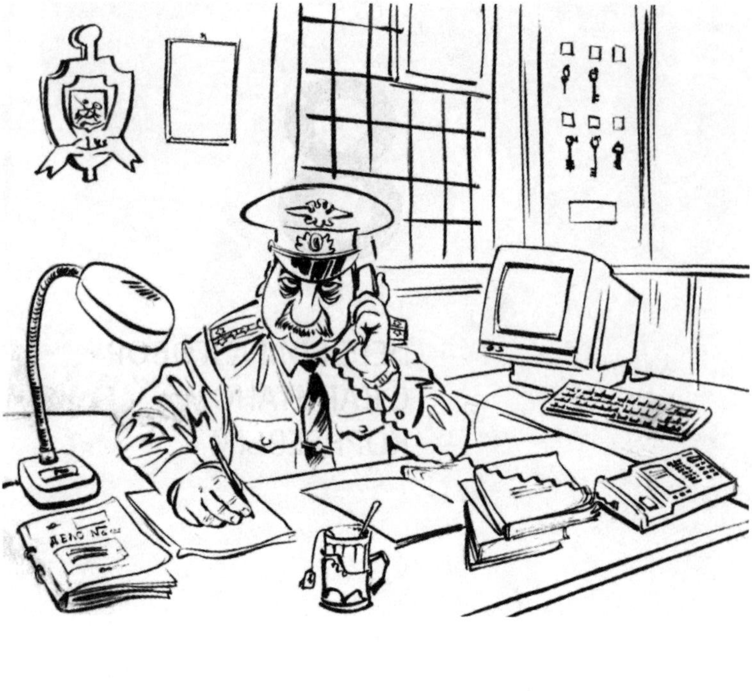
ДЕЛО №

— Доктор, а как вы думаете: что он все-таки ищет?
— Не знаю. Шарит вокруг себя руками и волнуется. Спрашивает: где? А что — не говорит...
— Так-так... Скорость звука, значит?
— Не только. У него в мозгах огромный массив информации! Я думаю, это связано с какой-то манией...
— Да? Может быть... Заключение, стало быть, отрицательное?
— Да.
— «Не получилось»?
— Он говорит: да. То есть — нет. Не получилось.
— А что не получилось, не говорит.
— Нет.
— Ну, будем выяснять.

9.

ВТОРОЙ РАЗГОВОР С КАПИТАНОМ КОРНЕЕВЫМ

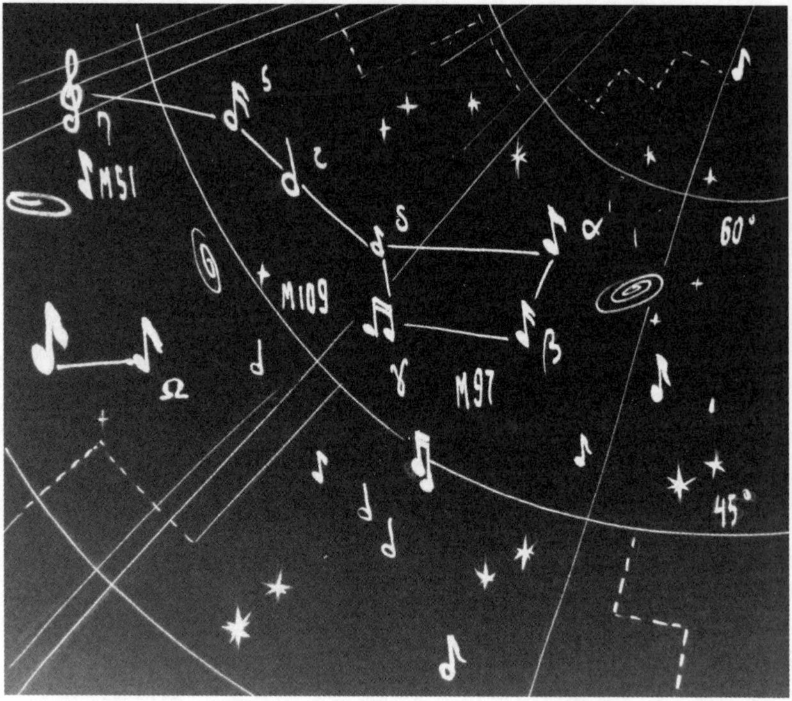
M51
M109
M97
60°
45°

— Что попросил?!
— Сыграть ему что-нибудь в си-бемоль миноре.
— Что это?
— Музыкальная тональность.
— И что?
— Я взял у сестры детскую пианолу — это такая короткая...
— Ну!
— ...И принес ему. Он сыграл гамму, разрыдался и стал целовать мне руки.
— Вы меня за этим позвали?
— Вы просили держать вас в курсе...
— Просил. Как вы сказали?
— Тональность? Си-бемоль минор.
— Это какая-то особая тональность?
— Нет. Я не знаю. Вроде нет.

10.

ДИАЛОГ
В БОЛЬНИЧНОЙ ПАЛАТЕ

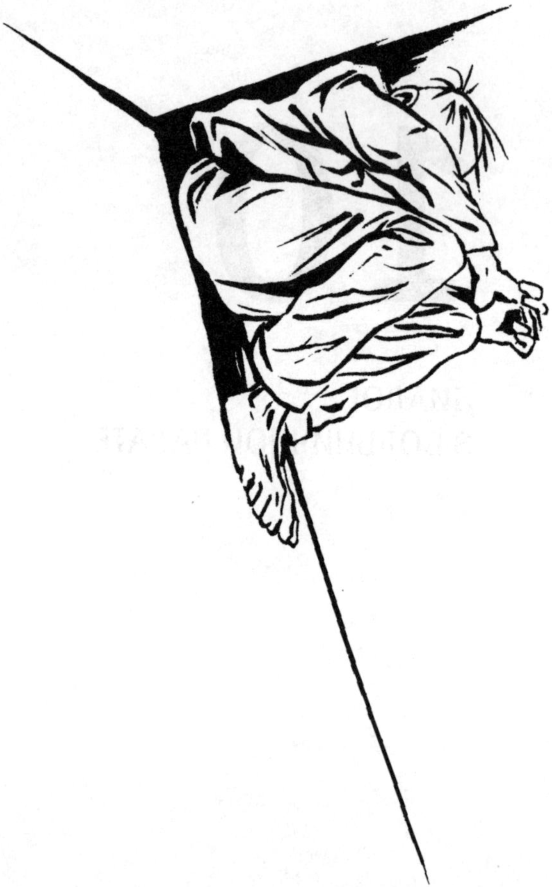

— Как вы себя чувствуете?
— Спасибо. Хорошо.
— У вас был обморок и сильное истощение.
— Да. Я устал.
— Вы помните, как вас зовут?
— Да. Я — Сырцов Сергей Иванович, паспорт 45 07 номер 445612, прописан по адресу: Москва, улица Верхние Поля, дом 48, квартира 126.
— Это не обязательно.
— Группа крови — первая.
— Да-да... Сергей Иванович, вы здесь в полной безопасности. Вы отдохнете, мы вам поможем медикаментозно... Если хотите сообщить близким, что вы здесь, чтобы они не волновались, это можно сделать. Вы хотите позвонить близким?

Тишина.

11.

ГОЛОСА ИЗ БОЛЬНИЧНОГО ХОЛЛА

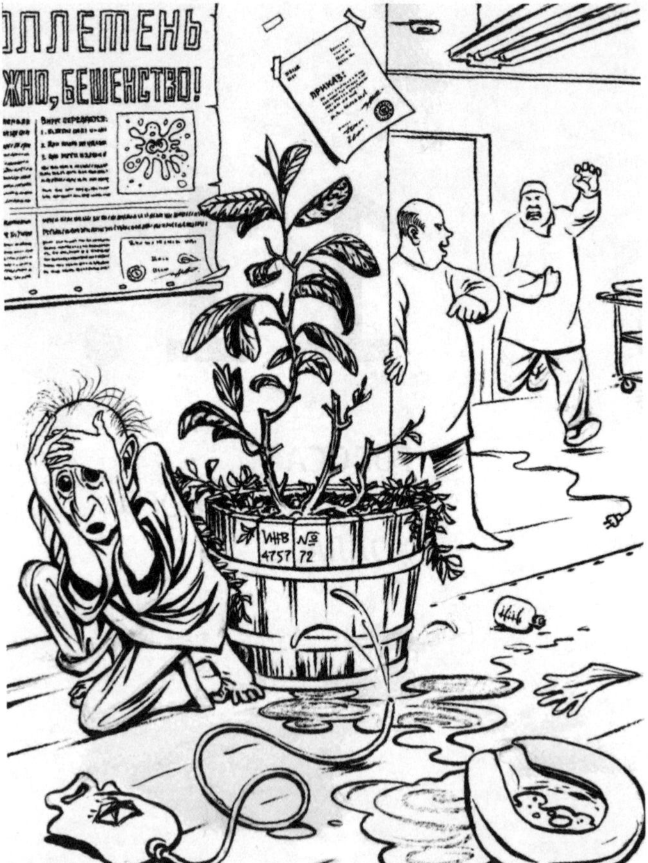
ЛЛЕТЕНЬ
ЖНО, БЕШЕНСТВО!
Вирус передается:
ПРИКАЗ!
ИНВ 4757
№ 72

— Сегодня Президент Российской Федерации...
— А-а-а-а!
— Гаденыш лысый! Нет, ну ты подумай, опять! Опять, а?
— Встаньте немедленно с пола, больной! Да как же его...
— Сырцов.
— Сырцов!
— ...подчеркивая особую важность всемерного укрепления духовного...
— Заключение отрицательное! Отрицательное! А-а-а!!!
— Нина, позвони Дубко!
— Отрицательное!
— Двойную мепротана, быстро!
— Ы-ы-ы!
— Я его урою, урода!
— Где он?
— Да вон, за кадкой спрятался.
— Ы-ы-ы!
— уделять особое внимание...
— Ы-ы-ы!
— ...вственному воспитанию подрастающего поколе...
— А-а-а-а-а!!!
— Да выключите вы телевизор!

12.

РАЗГОВОР В КАБИНЕТЕ ГЛАВВРАЧА

12

РАЗБОР В КАБИНЕТЕ
ПРАВЯЩИХ

— Не совпадение, Николай Петрович! Приступы следуют за получением информации.
— Какой информации?
— Почти любой. Он болезненно реагирует на реальность.
— Реальность-то ему чем не нравится?
— Да всем практически.
— Вы это бросьте, Дубко! Реальность мы не лечим. И потом, что такого случилось сегодня, когда он у вас о решетку бился?
— Это он не у меня о решетку бился, Николай Петрович. Это он у вас о решетку бился, извините.
— Да я только зашел посмотреть!
— Ну вот.
— Я вас, Дубко, уволю.
— За что?
— Еще не знаю.

13.

ТРЕТИЙ РАЗГОВОР С КАПИТАНОМ КОРНЕЕВЫМ

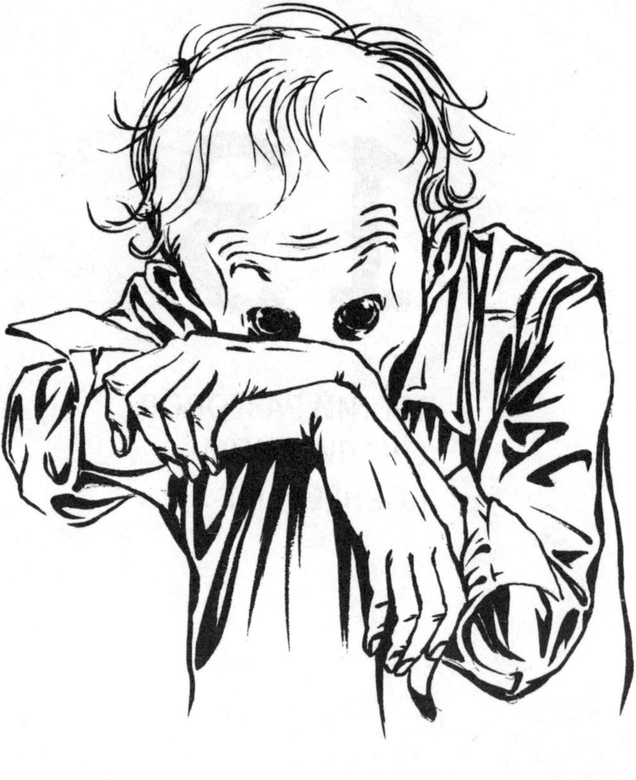

— Экстрасенс?
— В некотором смысле. У него обостренная реакция на этический аспект...
— Доктор, давайте по-русски!
— Пошлость он чувствует. Я вам клянусь! Страдает физически. От глупости плачет, от насилия теряет сознание.
— Его там бьют у вас, что ли?
— Нет, что вы! Уже нет. Он в принципе не переносит насилия, в принципе! Видит санитара — сразу теряет сознание. Истерическая реакция на ложь. Попсы слышать не может. От певца Трофима бьется в судороге, от Лепса идет пятнами...
— Сколько ему лет, говорите?
— На вид за пятьдесят.
— Как же он тут жил?
— Не знаю.
— Значит, Сырцов Сергей Иванович?

14.

ИЗ МАТЕРИАЛОВ ДЕЛА

14

«…По опросу соседей: живет один, гостей не бывает, из квартиры выходит редко. С соседями не общается. Часто, в т. ч. по ночам, играет на музыкальном инструменте…»

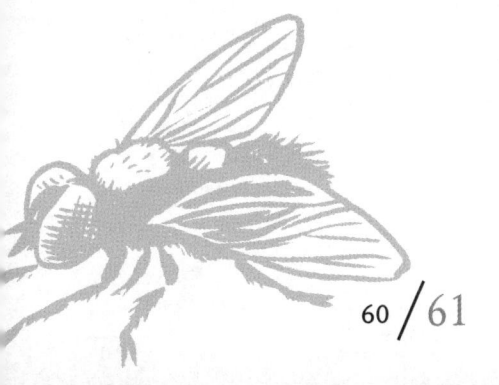

15.

ИЗ МИЛИЦЕЙСКОЙ СПРАВКИ

15

«Сырцов Сергей Иванович, 1959 г. р., не судим, место рождения — пос. Босмандык, Казахская ССР, ныне Республика Казахстан. В Москве прописан с 1984 года...»

16.

ИЗ МАТЕРИАЛОВ ДЕЛА

16

«По результатам осмотра квартиры: однокомнатная, малометражная, обстановка практически отсутствует. Холодильник почти пустой, большие запасы воды. В шкафу несколько упаковок крекеров, банка кофе, чай, сахар. В комнате — кровать, тумбочка с нотами, плеер с дисками (классическая музыка), телевизор с телевизионной тарелкой "Космос ТВ", большой пакет телепрограмм, включая иностранные. Пол завален газетами, многие статьи вырезаны или обведены фломастером. На подоконнике — металлический музыкальный инструмент серебряного цвета...»

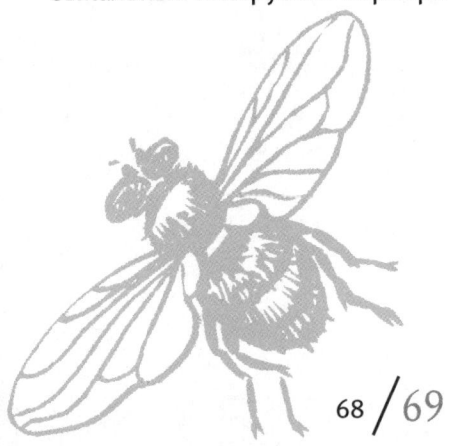

17.

ИЗ СЛУЖЕБНОЙ ЗАПИСКИ

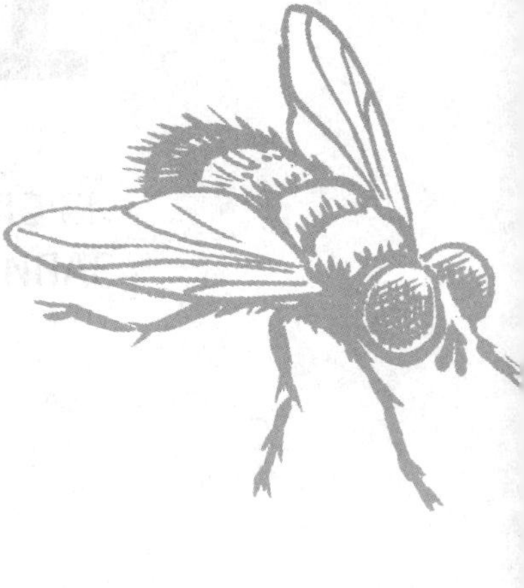

«По результатам проверки считаю необходимым продолжить следственные мероприятия в отношении Сырцова С. И.

Подписано — капитан Корнеев».

18.

ТЕЛЕФОННЫЙ РАЗГОВОР

18

— Где он?
— Не надо так волноваться, доктор.
— Но вы мне обещали!..
— Я вам ничего не обещал. И пожалуйста, не надо на нас давить. Поверьте, дело очень серьезное.
— Где он?
— Где надо.

19.

ДОПРОС

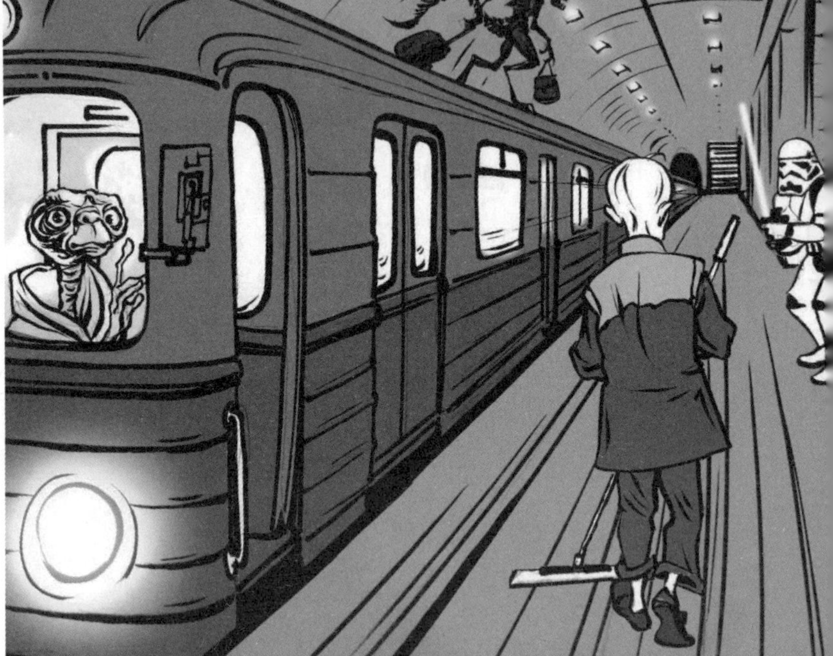

— Странный у нас с вами разговор получается, Сергей Иванович. Ведь вы умный человек, правда? Вы же сами понимаете, что такого не бывает. После школы нигде не учились, так? Высшего образования нет. Работаете уборщиком на станции метро, ночь через три, — так?
— Так.
— Книг в доме нет...
— Зачем вы заходили ко мне домой?
— Сергей Иванович, не стройте из себя ребенка.
— Это нехорошо! Нехорошо!
— Господин Сырцов! Отвечайте, пожалуйста, на мои вопросы. Откуда у вас такой объем знаний в области физики, химии, медицины, геологии?
— Из интернета.
— Зачем вам эти данные?
— Это неважно.
— Это важно, Сырцов. Какую информацию вы искали в газетах?
— О жизни на Земле.
— Вы хотите со мной пошутить?
— Нет.
— Что у вас не получилось?
— Что?
— Не получилось — что именно? «Отрицательное заключение» — по какому поводу? Что вы должны были выяснить? Как звучало ваше задание? От кого было получено? Вы меня слышите?
— Да.

20.

ТЕЛЕФОННЫЙ РАЗГОВОР

20

— К бумаге не притронулся.
— Что-нибудь просил?
— Воды и газет.
— Каких?
— Каких-нибудь, любых, свежих...
— И что?
— Дали ему газету. Он глянул — сразу начал выть. Даже со стула упал.
— Что вы ему дали?
— «Комсомольскую правду».
— Там умер кто-нибудь?
— Где?
— В «Комсомольской правде»! Некролог там был?
— Вроде нет.
— А чего там было?
— Щас гляну... Вот, три статьи. «Сшит самый большой флаг России», «Из чего сделана грудь Анны Семенович» и «Америку смоет цунами»...
— Все?
— Все.

21.

ЕЩЕ ДОПРОС

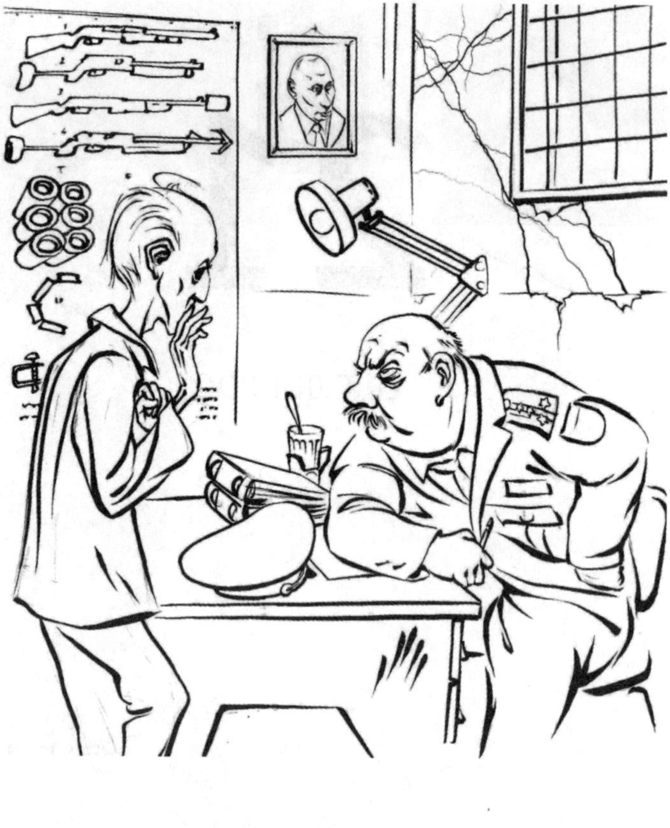

— Сырцов! Я ведь разговариваю с вами по-человечески. Но так будет не всегда. Тут бывает и по-другому.
— Я знаю.
— Вы не знаете, Сырцов! Мы вам устроим, чего вы не знаете.
— Можно вас попросить?
— Просите.
— Я хочу посмотреть вам в глаза.
— Хм... Так видно?
— Да.
— Посмотрели?
— Да. Все очень плохо! Заключение отрицательное.
— Ах так. Ну ладно. Не жалуйся потом.

22.

УТРОМ

22

— Кочумает ваш Сырцов. Только в камеру завели, вырубился.
— Вы его куда завели?
— Как вы сказали: к уголовным.
— И где он?
— Лежит в санчасти обколотый. Бредит, флейту просит.
— Чего?
— Просит флейту свою! Говорит, срочно.

23.

РАЗГОВОР В КАБИНЕТЕ

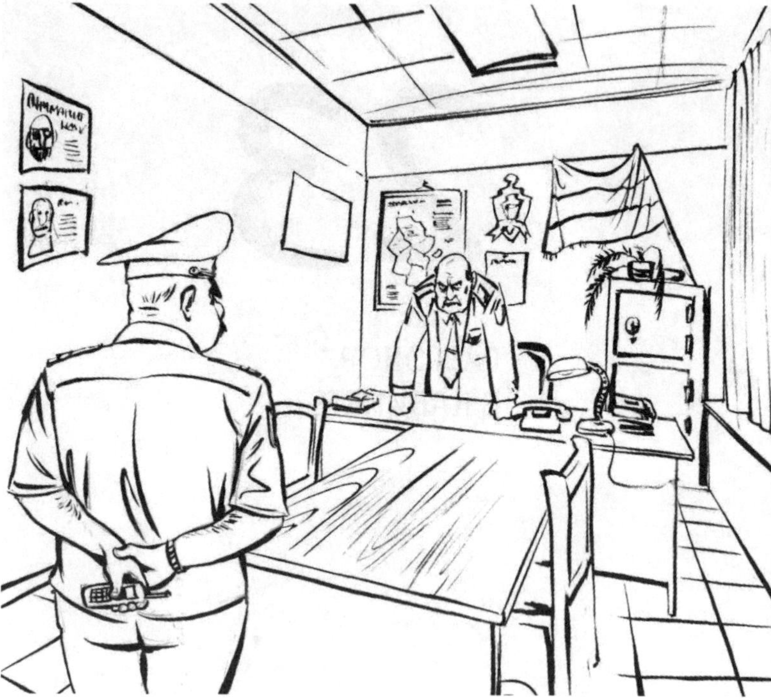

— Результатов, как я понимаю, ноль.
— Почему ноль, товарищ полковник?..
— Потому что ноль! Потому что вы уже месяц скребете муму, товарищ капитан! А я доложил наверх, и там интересуются! Интересуются, Корнеев, понимаете? Кто он, на кого работает, какую информацию собирает? При чем тут гелий? Почему не боится? И флейта еще эта... Кто он, Корнеев? Даю еще три дня. Включайте мозги, капитан, и давайте результат — или пойдете в уголовку висяки собирать...

24.

ТЕЛЕФОННЫЙ РАЗГОВОР

24

VOUS N'IRIEZ PAS TROP

— Доброе утро, доктор. Это Корнеев.
— Доброе утро.
— Я хочу вам рассказать о Сырцове… Вы волновались тогда…
— Да.
— Вот я и звоню вам, чтобы вы не волновались. С ним все хорошо. Хотите пообщаться с клиентом?
— Он — пациент.
— Ну допустим. Хотите?
— Да.
— Вот и прекрасно! Машина будет у вас через час.
— Но я на работе…
— С этим никаких проблем.
— Где он?
— Увидите.

25.

РАЗГОВОР В ТЮРЕМНОМ ДВОРЕ

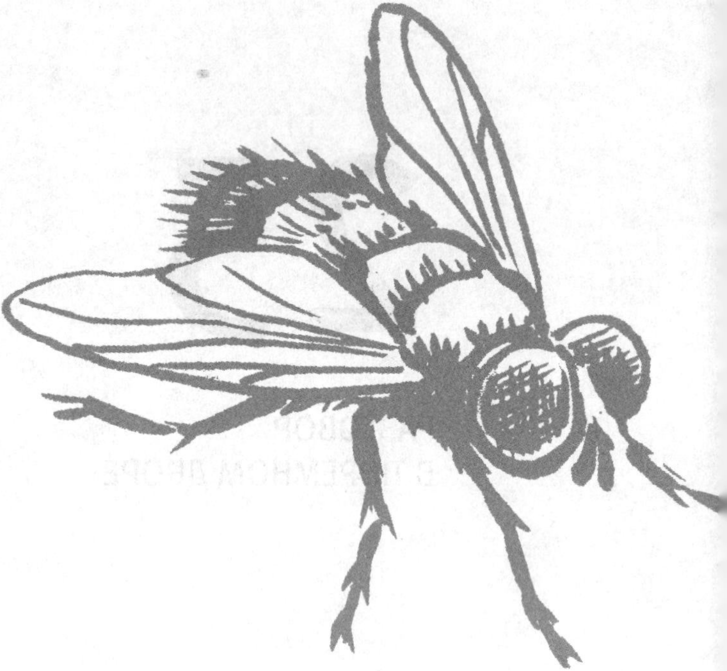

— Сергей Иванович, я уверен, что это недоразумение. Скоро все выяснится, и вас отпустят домой. Я попрошу, чтобы вам давали необходимые лекарства...
— Дело не во мне, доктор. Не во мне...
— Да. Я понимаю.

Молчание.

— Хорошо на воздухе, да? После дождя, с озоном...
— Аллотроп кислорода.
— Что?
— Озон. Формула «о три», молекулярный вес — четыре девятки...
— Сергей Иванович, скажите, а откуда вы...
— Они держат людей взаперти, доктор! Специально. Живых людей — без свежего воздуха! Вонь, тьма. А снаружи праздник, все время праздник. «Звонят колокола».
— Песня?
— Да. Там, на площади. Флаги, речи. Динамик — бум, бум! Невыносимо, доктор. Лица, как фарш. И всё так громко, громко.
— Вы потеряли сознание — тогда, в тот день, — от этого?

Молчание.

— Мне нужна моя флейта, доктор.

26.

РАЗГОВОР В КАБИНЕТЕ

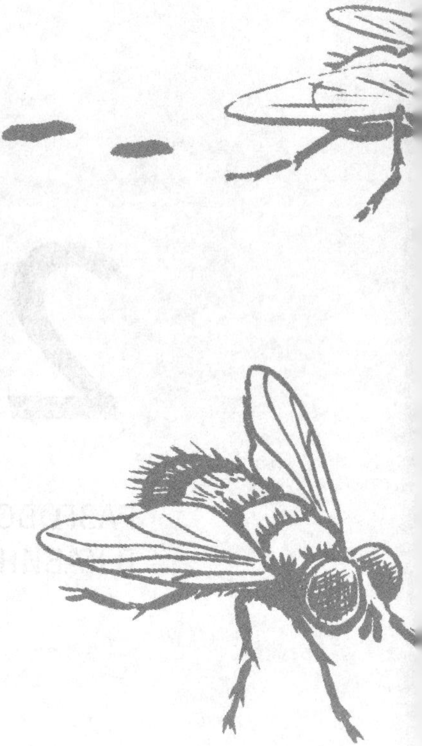

— Зачем ему флейта?
— Не знаю. Вообще, музыка успокаивает... У Шекспира в «Короле Лире»...
— Погодите вы про Шекспира, доктор! Потом про Шекспира! Скажите ему: флейта будет, но сначала он должен ответить на вопросы.
— Господин Корнеев, я — врач!
— Я в курсе.
— Вы просили помочь...
— Нам!
— Я должен помогать пациентам! Я давал клятву Гиппократа...
— Доктор, не будьте занудой. Я тоже давал клятву. Давайте искать компромиссы. Объясните ему, что надо пойти на контакт!
— Он обещал все рассказать. Но он хочет сначала получить свою флейту.
— Почему я должен ему верить?
— Потому что он честный человек.
— Вы меня с ума сведете.
— Сам и вылечу.
— Да? Ну ладно. Скажите: будет ему флейта.

27.

РАЗГОВОР В ЧУЖОЙ КВАРТИРЕ

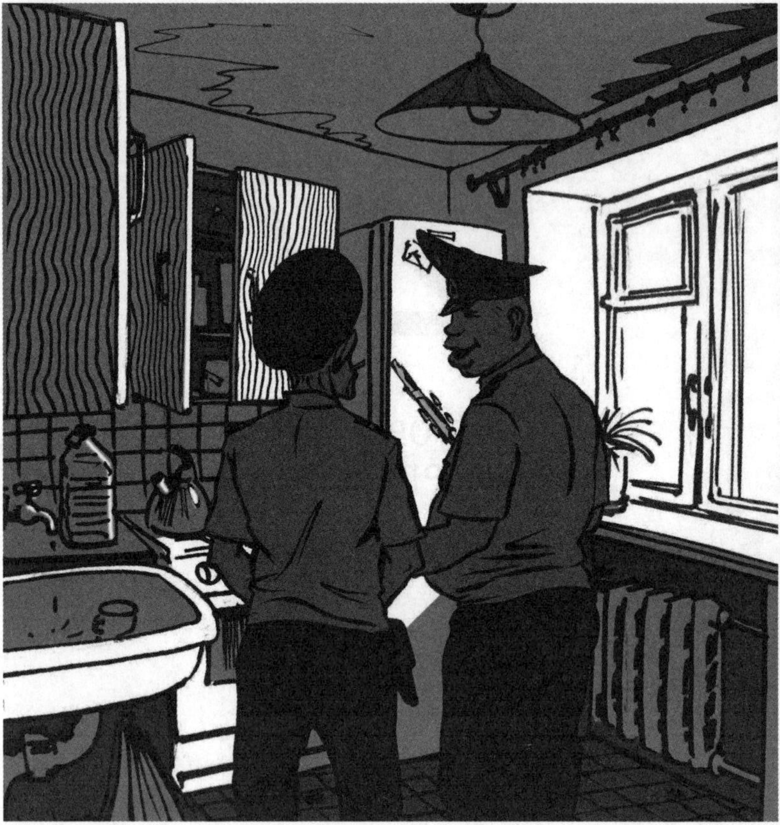

— Погляди-ка внутрь.
— Да нет там ничего, глядел уже.
— А ты дунь.
— Куда?
— А вон сбоку дырка... Дай мне! Пфу-у-у... Клац-клац.
— Перделка дудячая...
— Как на ней играют-то? Пфу-у-у... Клац-клац.
— Ладно, поехали!
— Погоди! Корнеев велел газеты собрать.

28.

ТЕЛЕФОННЫЙ РАЗГОВОР

— Корнеев! Меня опять сношали из-за твоего Сырцова. Ты потрошить его будешь или там санаторий у вас?
— Утром, товарищ полковник.
— Почему не сейчас?
— Сейчас он вообще никакой, товарищ полковник! Сидит, плачет, гладит ее...
— Кого?
— Флейту.

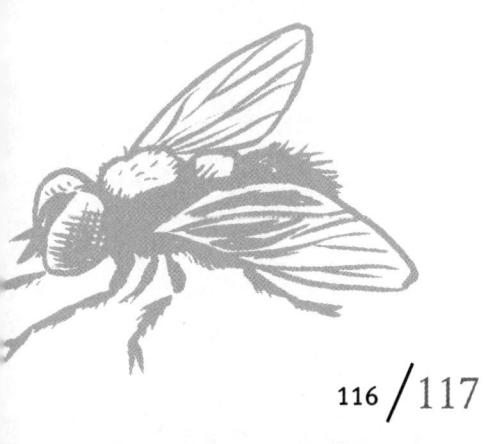

29.

НОЧНОЙ ДИАЛОГ

29

— Что тут у вас происходит?
— Подследственный Сырцов играет на флейте, товарищ старший лейтенант!
— Кто разрешил флейту в камере?
— Капитан Корнеев, товарищ старший лейтенант!
— Жесть какая, а? Во дает.
— Так точно, товарищ старший лейтенант. Жесть.

30.

ФЕЙСБУК.
ПОЛЬЗОВАТЕЛЬ
KSENYA IZMAYLOVA

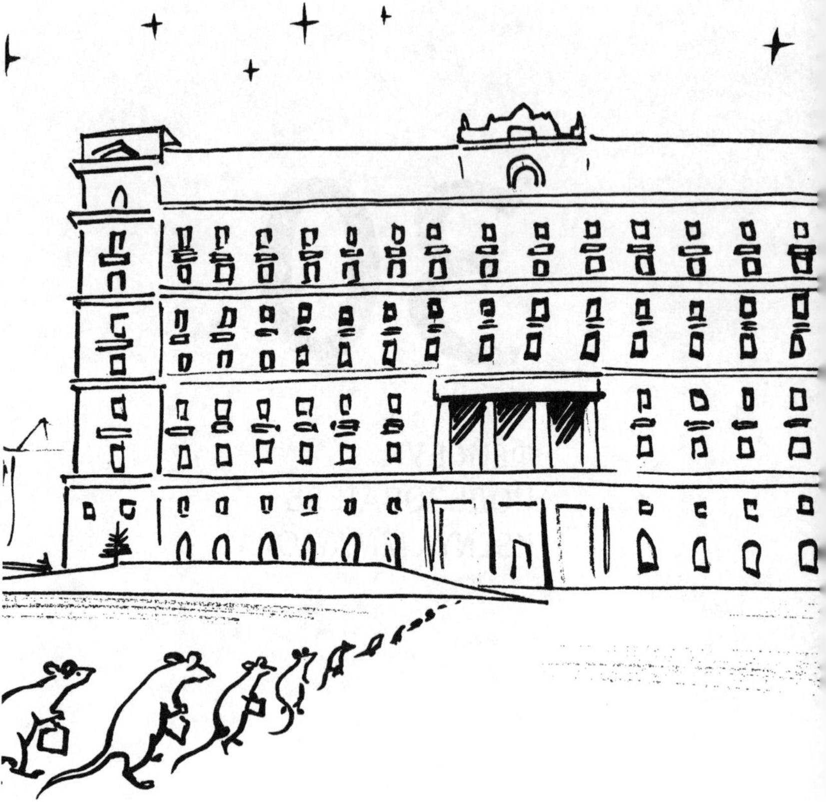

«Люди! У кого есть мыши-крысы в районе Мясницкой? Что-то мои зелюки сегодня ночью с ума посходили, пищали и на стены лезли. И звуки какие-то странные были со стороны Лубянки. Это у меня общие глюки с мышами, или типа ждать конца света?»

Понравилось 32 пользователям.

31.

УТРОМ

21

— Вы обещали все рассказать.
— Да. Конечно. Вы готовы услышать правду?

32.

ПРИЗНАНИЕ
ПОДСЛЕДСТВЕННОГО
СЫРЦОВА
КАПИТАНУ КОРНЕЕВУ

Текст н

охранился.

33.

РАЗГОВОР
ПОД ПОРТРЕТОМ

33

РАЗБОР
ПОЛЕТОВ

— Капитан, вы в своем уме?
— Товарищ полковник...
— Что «товарищ полковник»? Вы отдаете себе отчет? Вы сами слышите, что говорите?
— Да.
— Сдайте его сейчас же обратно в психушку и сами туда ложитесь! А мне рапорт, в письменном виде! Черт знает что! Про инопланетян мне рассказывать с утра пораньше! Три недели муйней маялся! Рапорт, сегодня же!

34.

РАПОРТ

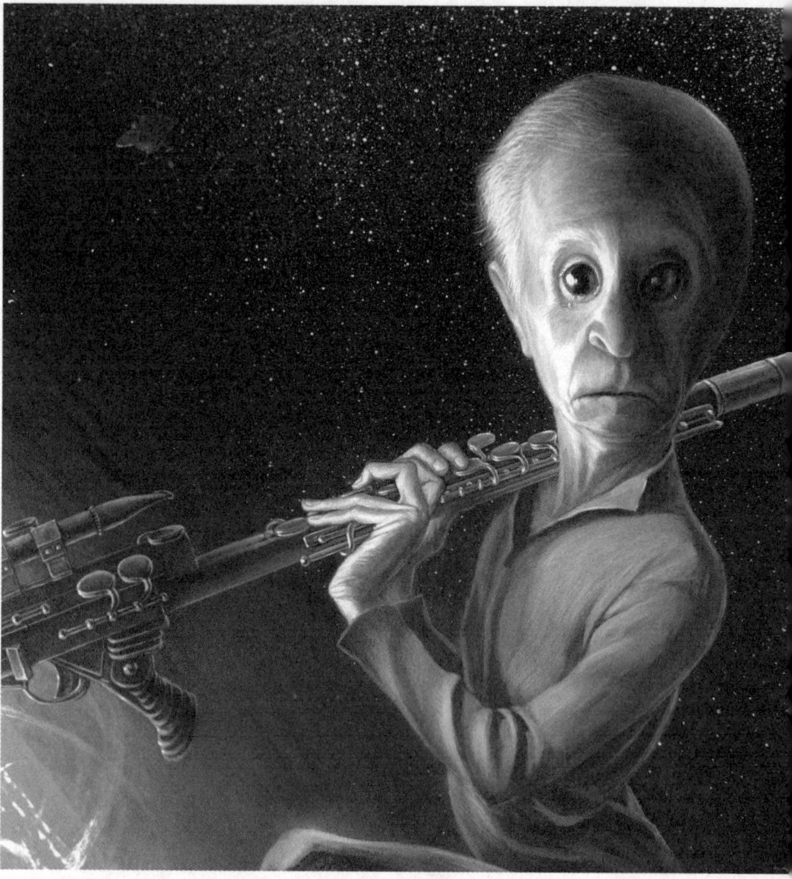

«...сообщил, что является наблюдателем от галактики Бэ Моль и заброшен на Землю с целью определения ее дальнейшей судьбы. Также Сырцов пояснил, что к заключению пришел отрицательному и у нас тут все плохо. По его словам, белковая материя никуда не годится. О своем задании, по его словам, узнал недавно. До того думал, что он человек. Утверждает, что способом передачи информации на галактику Бэ Моль была флейта...»

35.

СПРАВКА.
ГРИФ: МВД РЕСПУБЛИКИ
КАЗАХСТАН, ИСХ. № ...

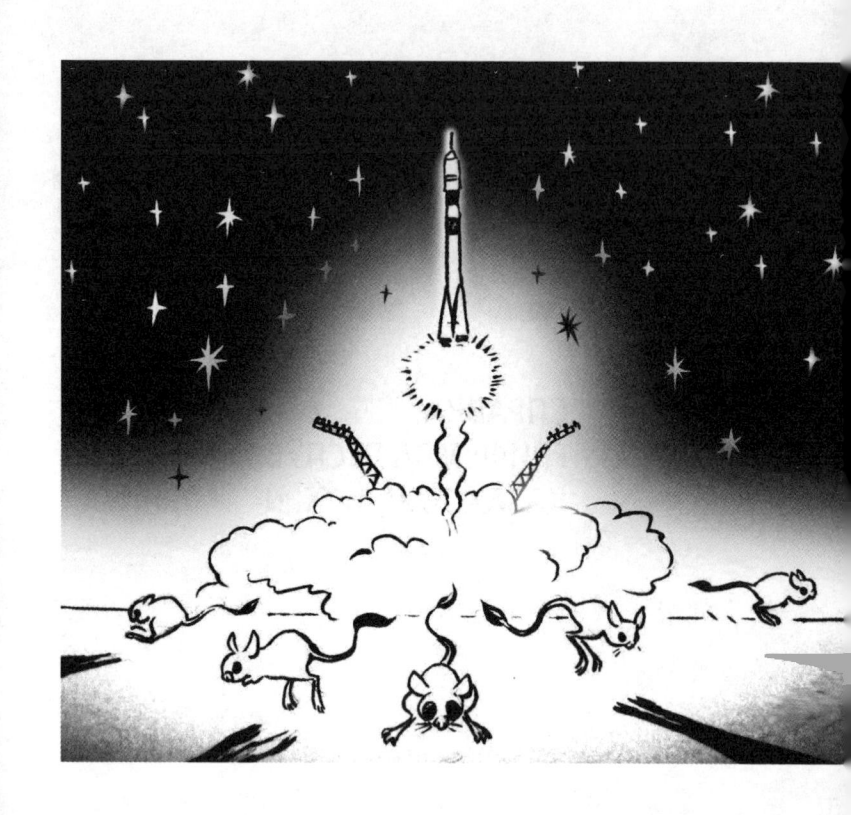

«По вашему запросу исх. № ... сообщаем, что мать Сырцова С. И. Копытьева (Сырцова) Таисия Петровна, 1936 года рождения, в 1957—62 гг. занимала должность "уборщица-посудомойка" в спец. в/ч 11602-У и проживала в пос. Басмандык, находившемся в административном подчинении Министерства общего машиностроения СССР (космодром Байконур)».

Последние два слова подчеркнуты
красным карандашом.

36.

РАЗГОВОР ПО СЕЛЕКТОРУ

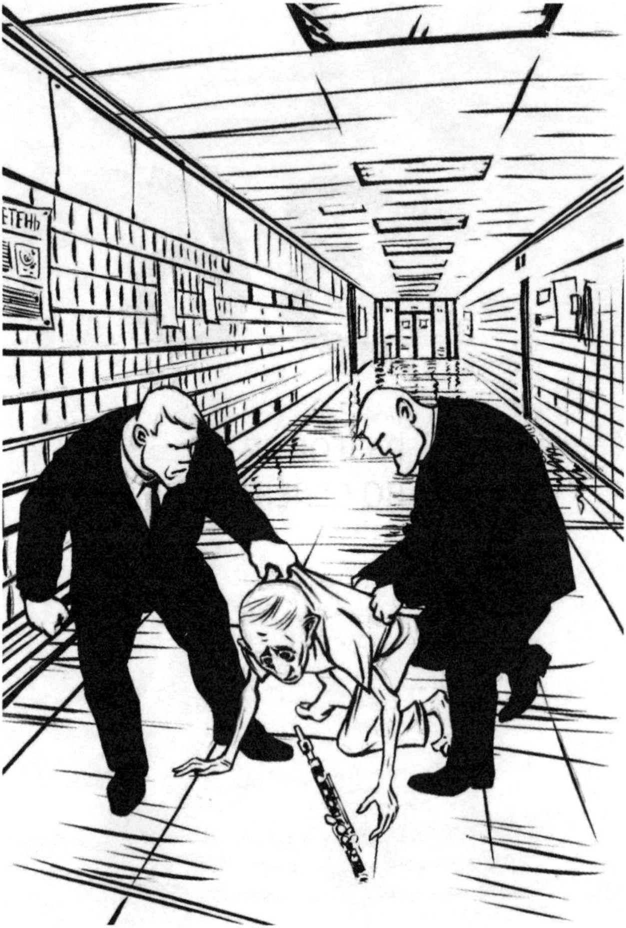
ЕТЕНЬ

— Где Корнеев?
— Не знаю, товарищ полковник.
— **Найдите мне его, только быстро!**

P

Часть вторая

resto

37.

ДОПРОС ПОДСЛЕДСТВЕННОГО СЫРЦОВА В ГЛАВНОМ ЗДАНИИ

— Что за эксперимент?
— Я уже рассказывал это тому человеку. Который увез меня из больницы.
— Расскажите еще раз.
— Хорошо. Несколько пульсаций назад наша цивилизация приняла решение облучить Землю бемолем.
— Чем?
— B-moll. Си-бемоль-минорная тональность. Основа гармонии! Видите, вы даже этого не знаете...
— К-хе... Продолжайте!
— Первые результаты нас очень обнадежили: всего несколько тактов эволюции, буквально пара миллионов лет — и уже Иоганн Себастьян Бах! Помните? Па! — тирата-тутита... тадада — ти-и-и!... та-тара-тада...
— Да-да.
— Вы помните?
— В общих чертах.
— Нет! Вы не помните! И хотите меня обмануть. Как это стыдно! Стыдно!
— К-хе... Э-э... Продолжайте!
— Мы ждали гармонической эволюции вида! Мы бы тогда не были так одиноки во Вселенной! А дождались иприта и группы «Рамштайн». На одного Россини — миллионы тонн бессмысленного белка. Ложь, жестокость и идиотизм. Какой печальный итог, не правда ли?
— Продолжайте.
— Сначала мы не хотели вмешиваться — цивилизация B-moll склонна к покою и созерцанию. Но когда вы со своим белком полезли наружу...

— Поясните это.
— Когда вы запустили спутник! Земля начала экспансию в космос, и на B-moll было принято решение повысить степень контроля. И тогда здесь появился я.
— Как?
— Меня вживили в белковую массу...
— Уточните это.
— Что?
— Про белковую массу!
— Мою материнскую плату звали Таисия Сырцова. Она обитала неподалеку от места вашего первого запуска.
— На Байконуре?
— Да.
— Ваша мать умерла?
— Нет. Не знаю. Это неинтересно.

38.

МИЛИЦЕЙСКАЯ СПРАВКА

38

«Копытьева Таисия Петровна (в девичестве Сырцова), 1936 года рождения, не судима, в настоящее время проживает по адресу: г. Астрахань, Камчатская ул., дом 38, кв. 12. Муж — Копытьев Семен Андреевич, умер в 1998 году...»

39.
РАЗГОВОР У ПОДЪЕЗДА

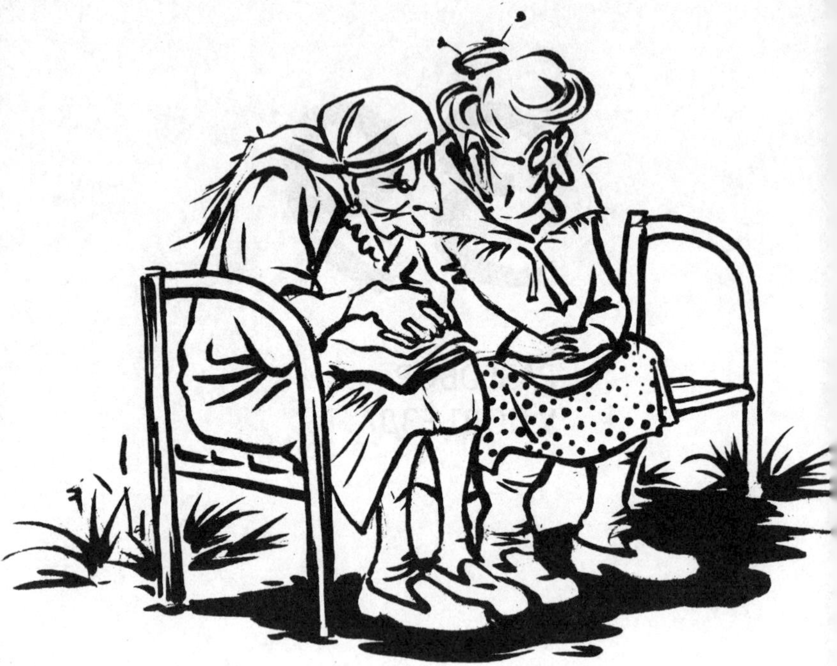

— За Таисией приходили!
— Менты?
— Не менты! В штатском трое. На иномарке увезли.
— Таисию?
— Ну!
— А она?
— А что ей? Она ж с пасхи пьяная. Пела, матами несла их...
— Песец старой. Ща ее утрамбуют наконец.
— Не утрамбуют! Она их матами, а старшой вежливо так, говорит: Таисия Петровна, прошу садиться. А молодой вещи ее несет!
— Чего это, а?
— Не знаю. Может, она миллионный житель?
— Чего миллионный житель?
— Не знаю.

40.

ДОПРОС. ПРОДОЛЖЕНИЕ

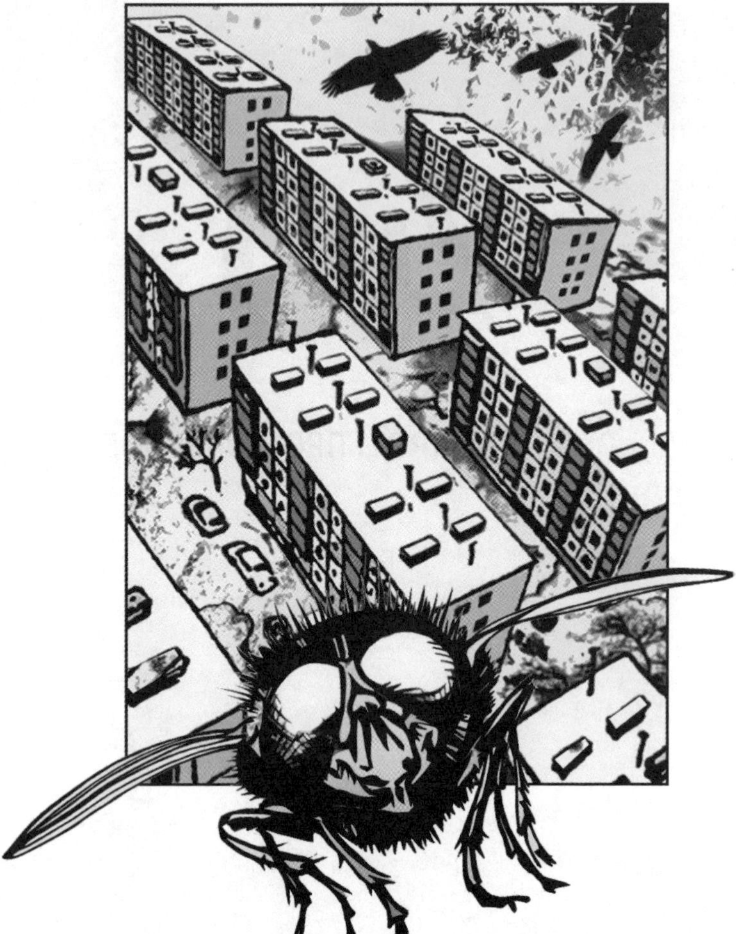

— Откуда вы получали информацию по физике, химии, геологии?
— Из Википедии.
— Зачем?
— Мне было интересно, как тут все устроено.

41.

ПРОТОКОЛ БЕСЕДЫ

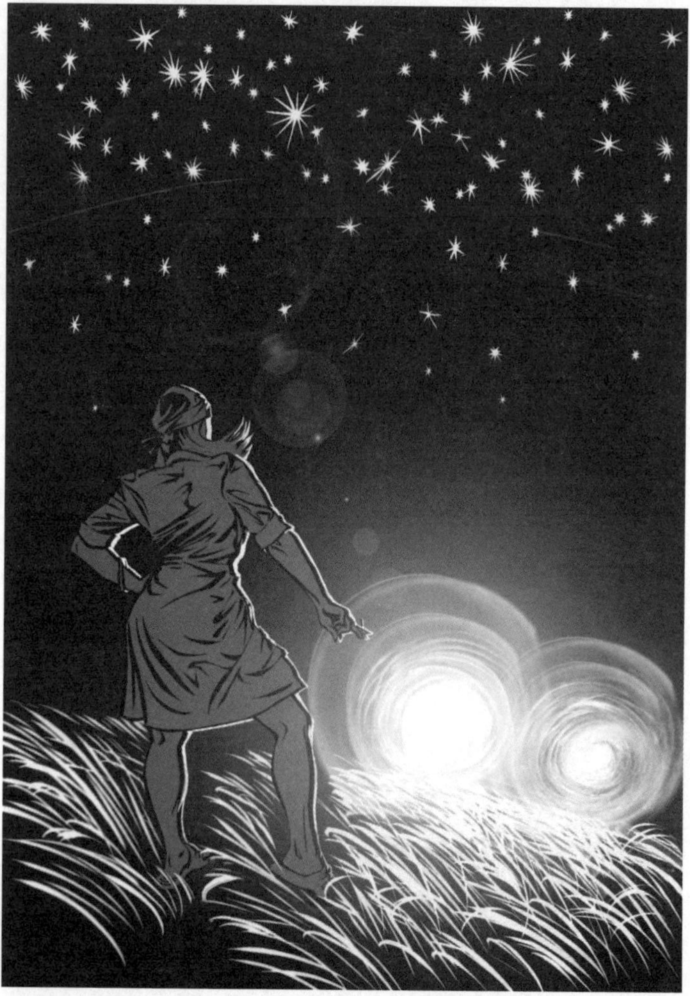

«Я, Копытьева Таисия Петровна, в девичестве Сырцова, являюсь человеком. В 1957—62 годах работала уборщицей-посудомойкой в пос. Басмандык (космодром Байконур), где в 1959 году родила сына Сергея при следующих обстоятельствах. Находясь в общежитии вспомогательного состава, я вышла вечером на крыльцо покурить в степь, где увидела в темноте горящие фары. Голос сказал «иди сюда», и я подошла, где все и случилось. Других подробностей не помню, будучи в нетрезвом состоянии. Кто это был, не знаю...»

42.

ОБСУЖДЕНИЕ

42

— Я не понял. Так в итоге: это кто был?
— Да не помнит она! Пьяная была...
— Ну он хотя бы человек?
— Не помнит!
— Блин. Ладно, хорошо хоть не голубь...

43.

ДОПРОС. ПРОДОЛЖЕНИЕ

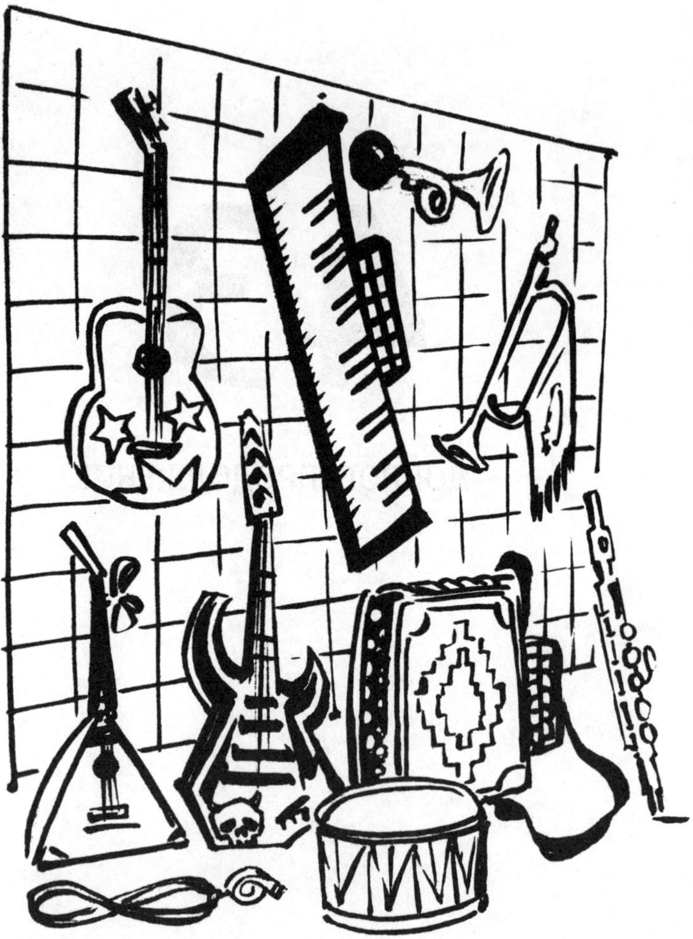

— Когда вы узнали о своем задании?
— Это не задание. Это миссия.
— Когда и как вы это узнали?
— Мне это передали прямо в голову.
— Когда это случилось?
— Несколько лет назад.
— Как часто происходили сеансы связи?
— Раз в неделю.
— Вы передавали информацию с помощью флейты?
— Да. А как же еще?
— Почему вы считаете, что это слышали в вашей галактике?
— Я получал подтверждение, что сигнал получен.
— Как происходило подтверждение?
— Прямо в голову.
— Кто передал вам флейту?
— Флейту я купил. В магазине «Музтовары».
— Почему флейту?
— Мне передали, что надо купить флейту, и я купил флейту.
— Как вам это передали? Ах да...

44.

ПРОТОКОЛ БЕСЕДЫ. ПРОДОЛЖЕНИЕ

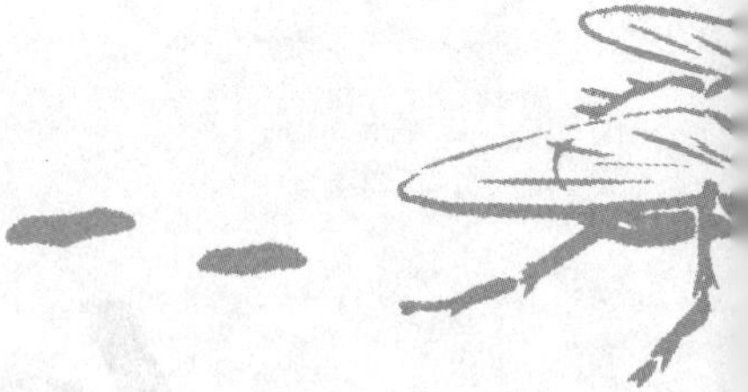

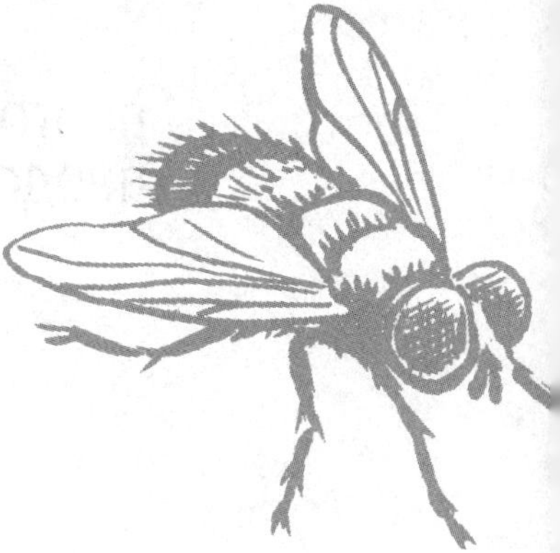

«Сын, Сырцов Сергей, родился в январе 1959 года и вырос вне брака слабым. Ел без аппетита, вопросов об отце не задавал, космонавтикой не интересовался. Часто плакал без объяснения причин. Отношений с сыном не поддерживаю с 1976 года, когда он уехал, по его словам, куда-нибудь отсюда. С моих слов записано верно, Копытьева Таисия Петровна. Дата, подпись».

45.

ДОПРОС. ОКОНЧАНИЕ

— И вы передали окончательное заключение?
— Да. Окончательное отрицательное заключение.
— Когда?
— Три дня назад. Когда тот человек привез мне флейту.
— Вы передали заключение с помощью флейты?
— Да. Я же вам говорил!
— И что теперь?
— Ничего. Все.
— В каком смысле?
— Этот эксперимент закончен.
— Это был эксперимент?
— Да. Я же вам говорил!
— И... что дальше?
— Я думаю, в другой раз надо будет попробовать небелковую материю.
— Что значит «в другой раз»?
— Когда-нибудь.
— То есть... Погодите, а мы?

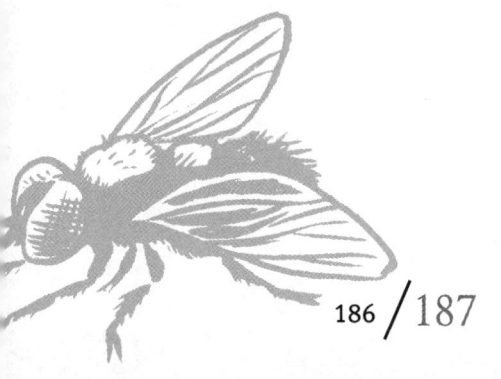

46.

КРИК В КАБИНЕТЕ

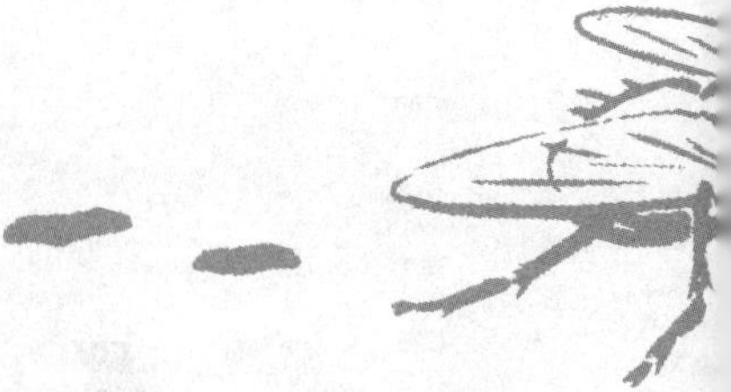

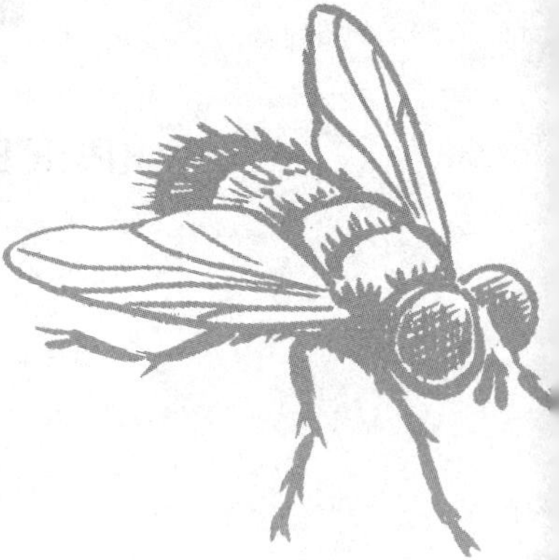

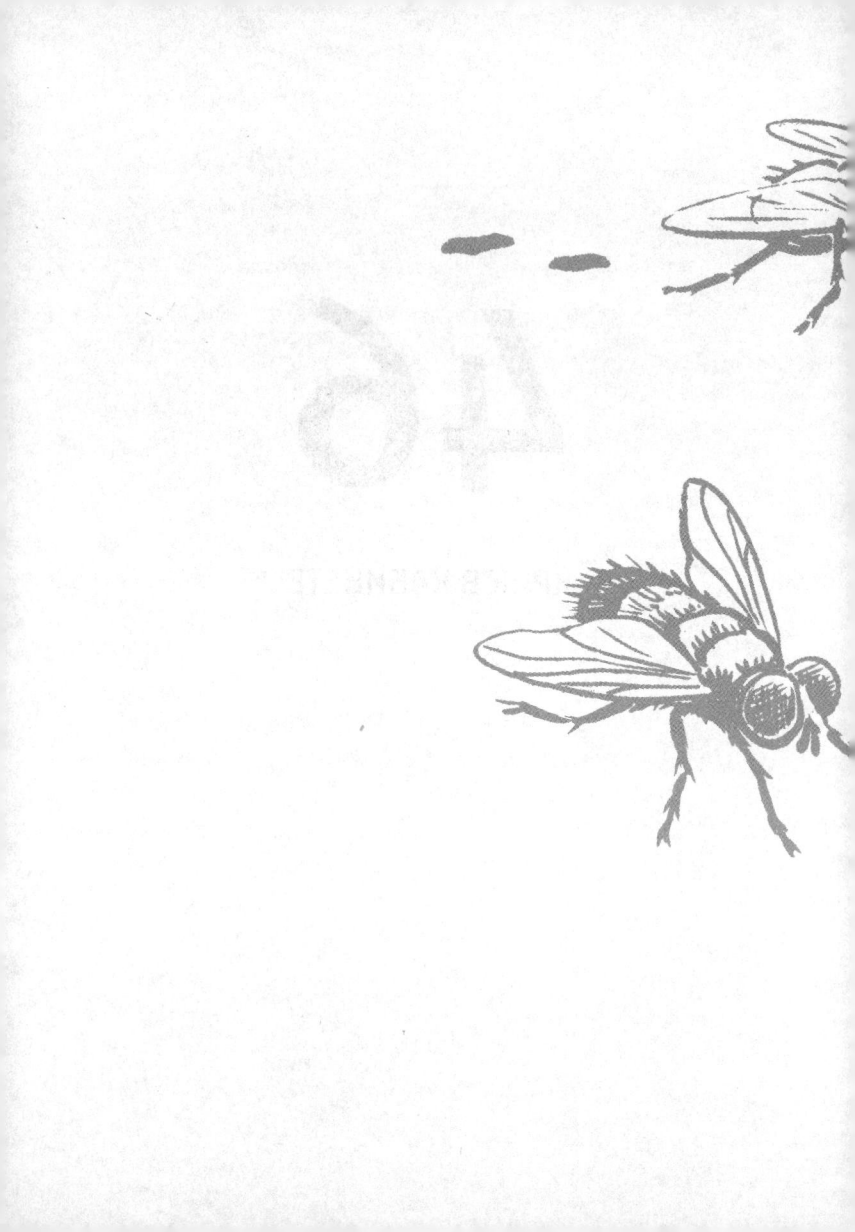

— Млять!
Млять!
Мля-ять!

47.

РАЗГОВОР ПОД ПОРТРЕТОМ

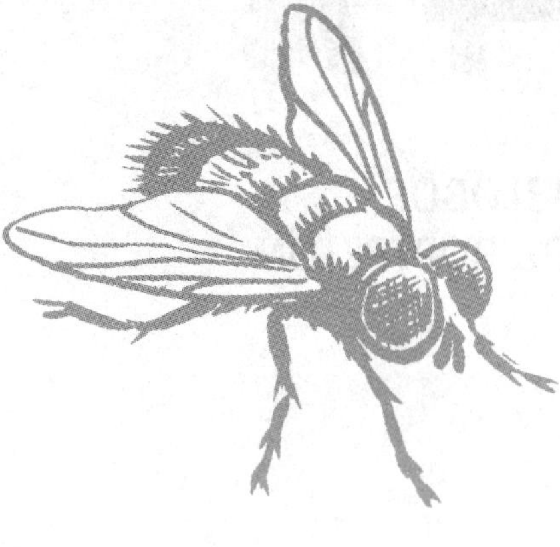

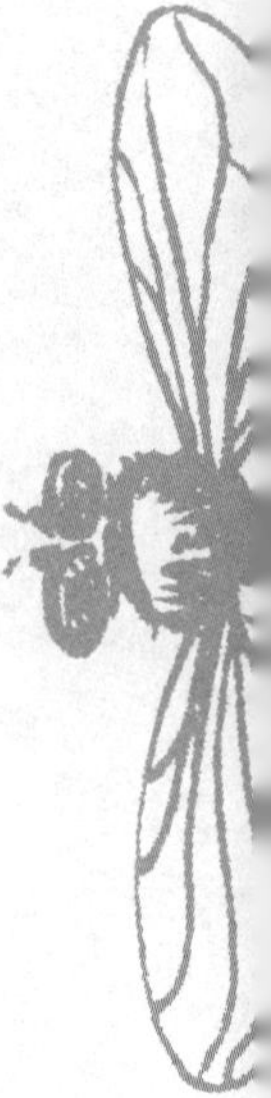

— Так точно, товарищ генерал! Свернут Солнечную систему. За ненадобностью.
— Как свернут?
— Он говорит: в коврик.
— Полковник, вы что, смеетесь?
— Никак нет. Свернут в коврик, поставят в уголок. Он так сказал.
— Когда?
— Вчера, товарищ генерал!
— Когда свернут?

48.

ВЫВОЛОЧКА

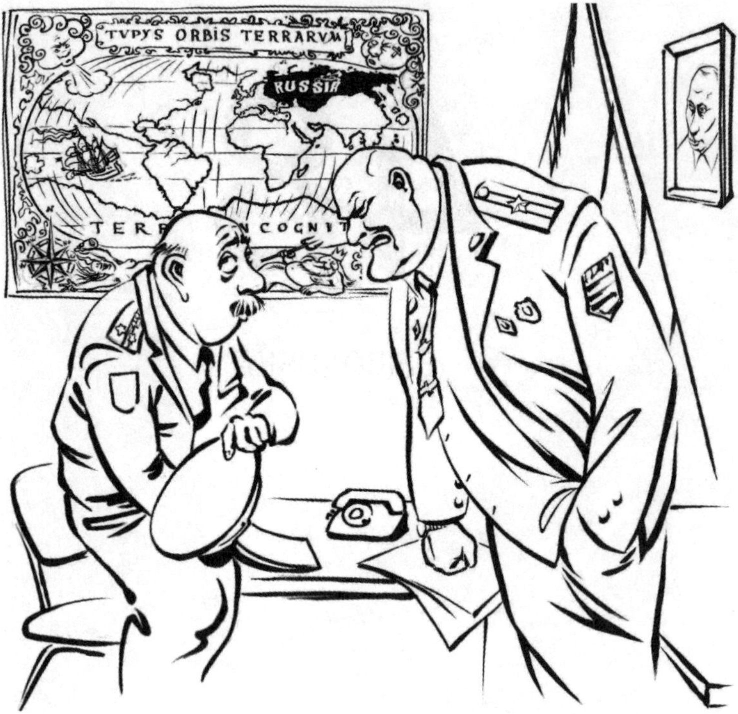
TVPYS ORBIS TERRARVM
RUSSIA

— Какого зуя вы разрешили ему играть на флейте?
— Товарищ генерал...
— Я спрашиваю: какого зуя вы дали ему флейту, капитан Корнеев? А? Филармония здесь? Вы знаете, что вы наделали своей флейтой?
— Виноват, товарищ генерал! Готов искупить.
— Ка-ак? Как вы собираетесь это искупить?
— Я...
— Вы лудак, товарищ капитан, и закончите жизнь лейтенантом! Причем очень скоро.

49.

В АДМИНИСТРАЦИЮ ПРЕЗИДЕНТА РФ, СТРОГО СЕКРЕТНО

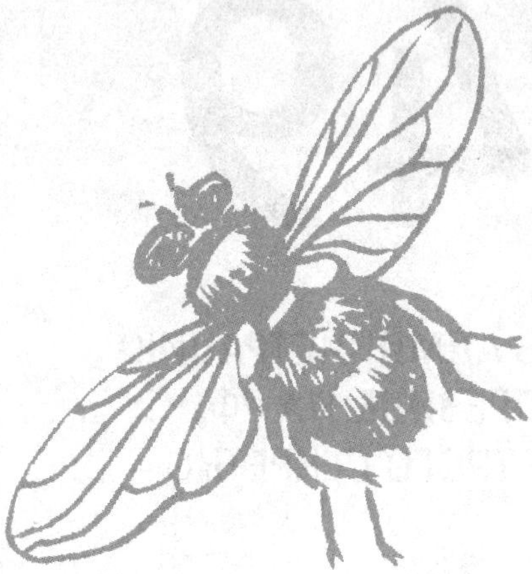

«По данным разработки, является по отцу инопланетянином и был заброшен для принятия решения о прекращении жизни на Земле. В настоящее время ведется работа по привлечению Сырцова С. И. к сотрудничеству...»

50.
МОЗГОВОЙ ШТУРМ

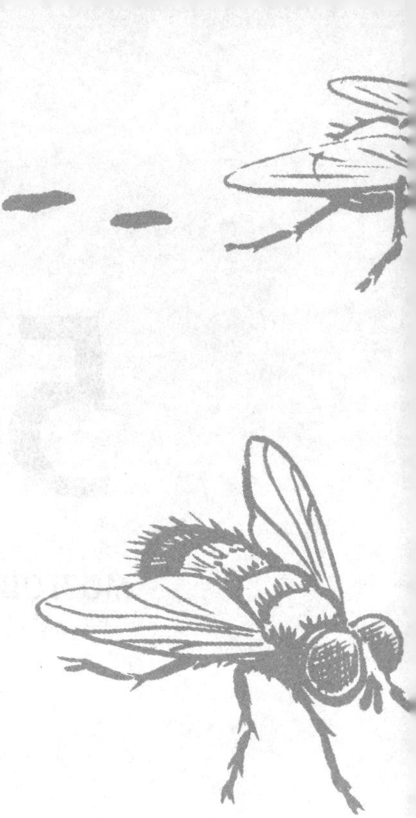

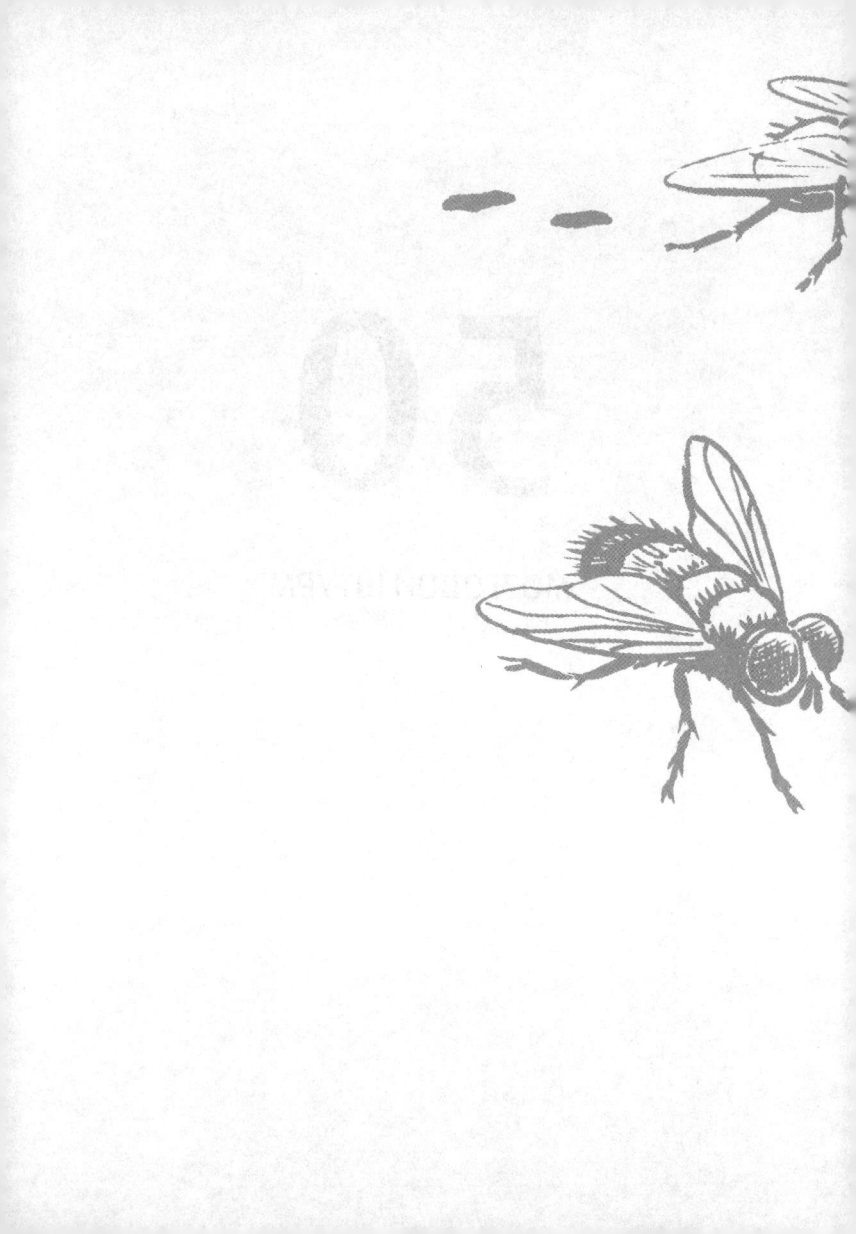

— Может, его... это... помножить на ноль?
— Поздно. Он про нас уже такое насвистел...
— Да. Если с ним что-нибудь случится — нас свернут в коврик сразу.
— Нас и так свернут!
— Ч-черт.

51.

РАЗГОВОР В ХРАМЕ

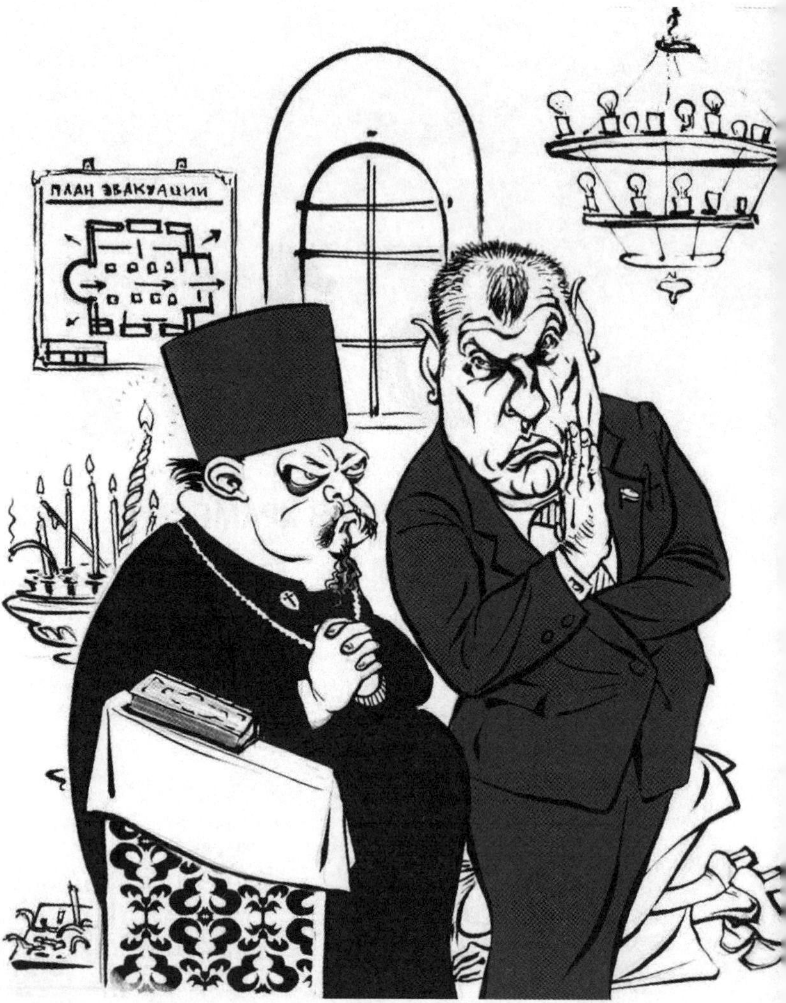
ПЛАН ЭВАКУАЦИИ

— Может ли такое быть, отец Силантий?
— Вообще-то не должно, Игорь Темучинович. Русь-то матушку Господь убережет по-всякому...
— Да тут не Господь, отец Силантий. Тут какая-то хрень из космоса.
— Всякая хрень от Господа. Будем молиться. А что говорит ваша наука?
— Наука уже молится, отец Силантий.

52.

МОЗГОВОЙ ШТУРМ

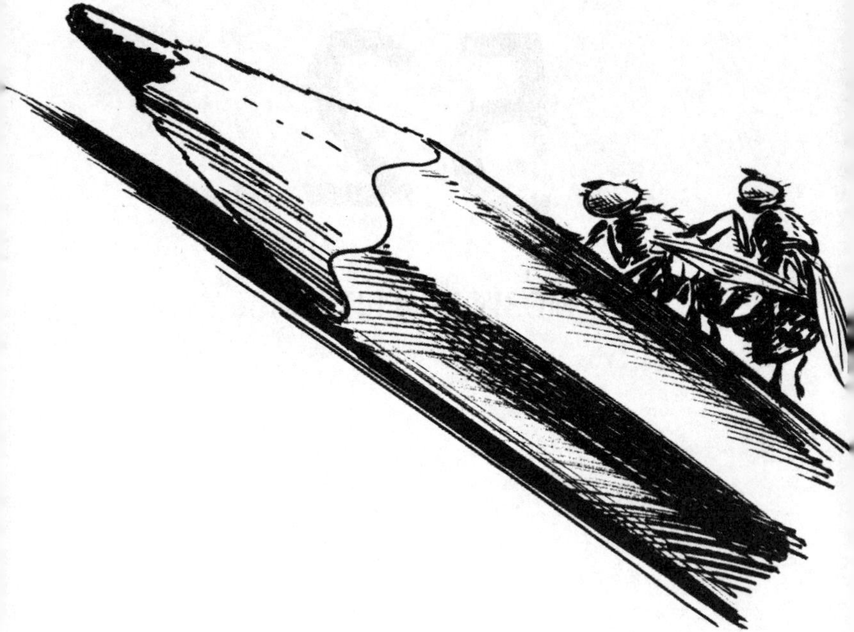

— Когда это будет?
— Черт его знает!
— А он не говорит?
— Он сам не знает!
— И что, вот прямо — полный крандец?
— Нет, мля, выборочный! Тебя оставят, на развод.
— Кстати, это было бы правильно.
— Не отвлекайтесь! Какие идеи?
— Есть идея сделать ноги.
— Куда?!
— М-да...
— Надо его переориентировать на Америку.
— В каком смысле?
— В смысле крантов. Во всем виновата Америка. Власть денег, бездуховность, вся херня... Негров линчуют.
— Обаме расскажи.
— Нет, серьезно!
— А что, неплохая идея. Их в коврик свернут, а мы типа за гармонию.
— Идите в дупу, у меня там внуки!
— Не отвлекайтесь. Про Америку записал. Еще идеи?

53.

ИЗ ЗАПИСКИ АНАЛИТИЧЕСКОГО УПРАВЛЕНИЯ ПРИ АДМИНИСТРАЦИИ ПРЕЗИДЕНТА

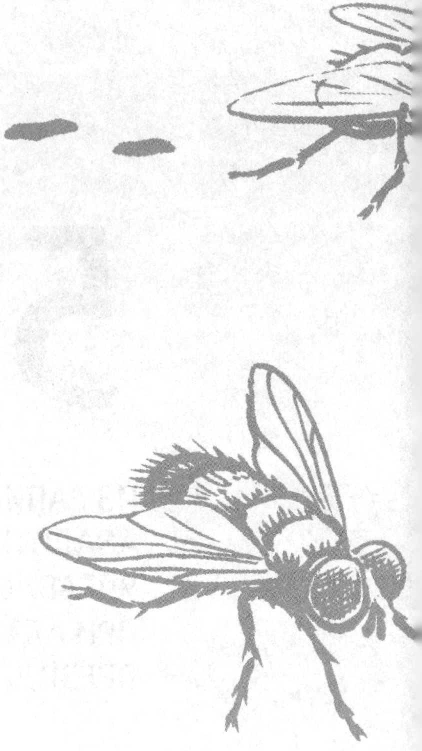

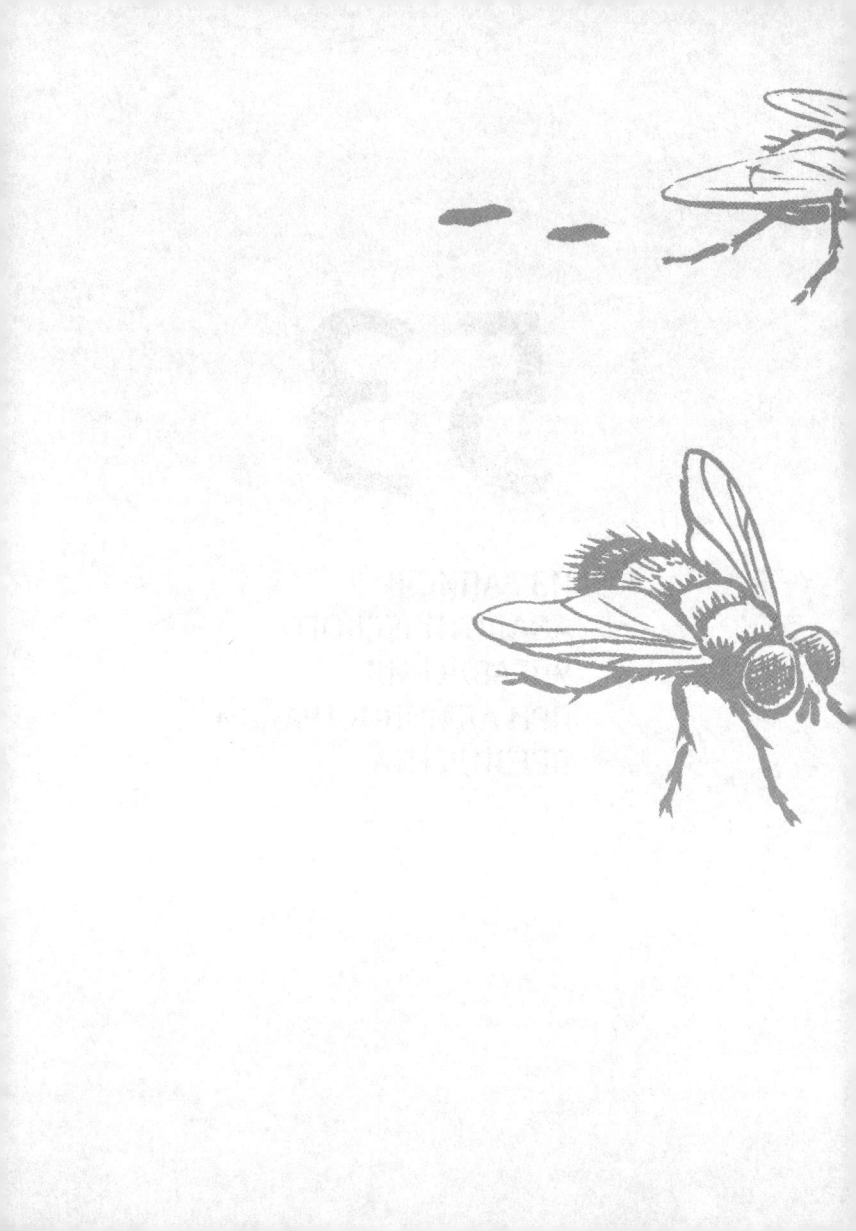

«...усилить контроль над флейтистами»

54.

ЦИРКУЛЯР МИНЗДРАВА РФ, РАЗОСЛАННЫЙ В ПСИХИАТРИЧЕСКИЕ УЧРЕЖДЕНИЯ СТРАНЫ

«Лечащему персоналу обратить особое внимание на содержание бреда пациентов ниже среднего роста, лысых, с голубыми глазами, имеющих склонность к музыке. Обо всех подозрительных случаях докладывать по горячей линии 8-800-... ... ..»

55.

ДИРЕКТИВА СОВЕТА БЕЗОПАСНОСТИ РФ. В ЦЕНТРАЛЬНЫЙ АППАРАТ МВД РФ. СРОЧНО, СЕКРЕТНО

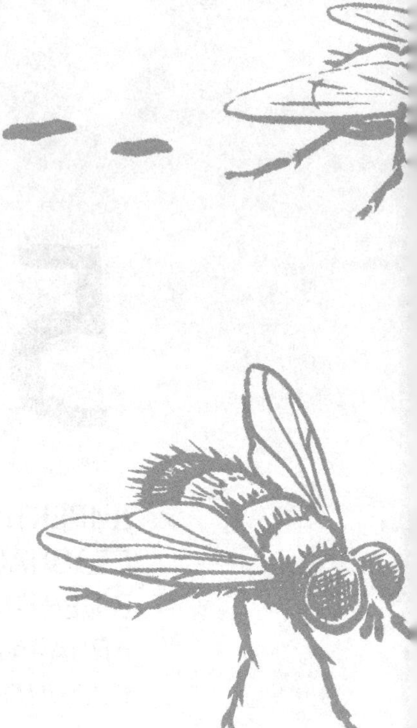

«Обеспечить сбор информации о гражданах 1957—62 гг. рождения, родившихся в Казахской ССР и проживающих в настоящее время на территории Российской Федерации...»

56.

ЦИРКУЛЯР МИНКУЛЬТА,
ИСХ. № ..., СЕКРЕТНО

56

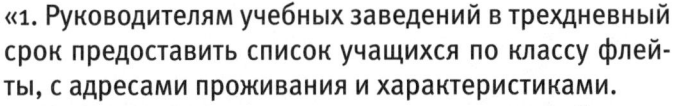

«1. Руководителям учебных заведений в трехдневный срок предоставить список учащихся по классу флейты, с адресами проживания и характеристиками.
2. Преподавательскому составу провести работу по выявлению лиц, тяготеющих к исполнению произведений в тональности си-бемоль минор...»

57.

ИЗ ПРИКАЗА ПО КОНСЕРВАТОРИИ

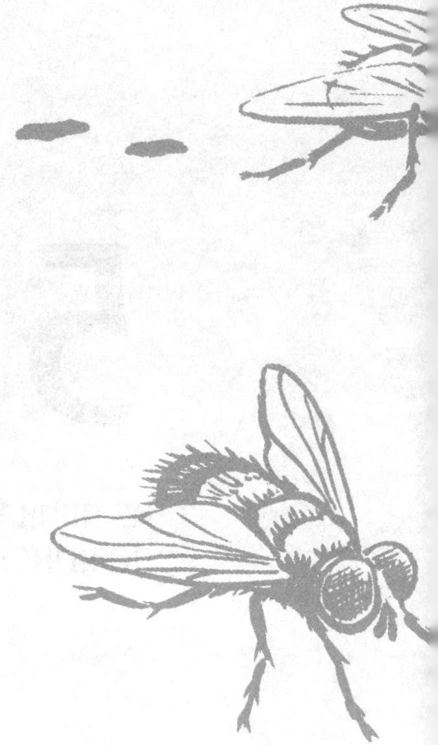

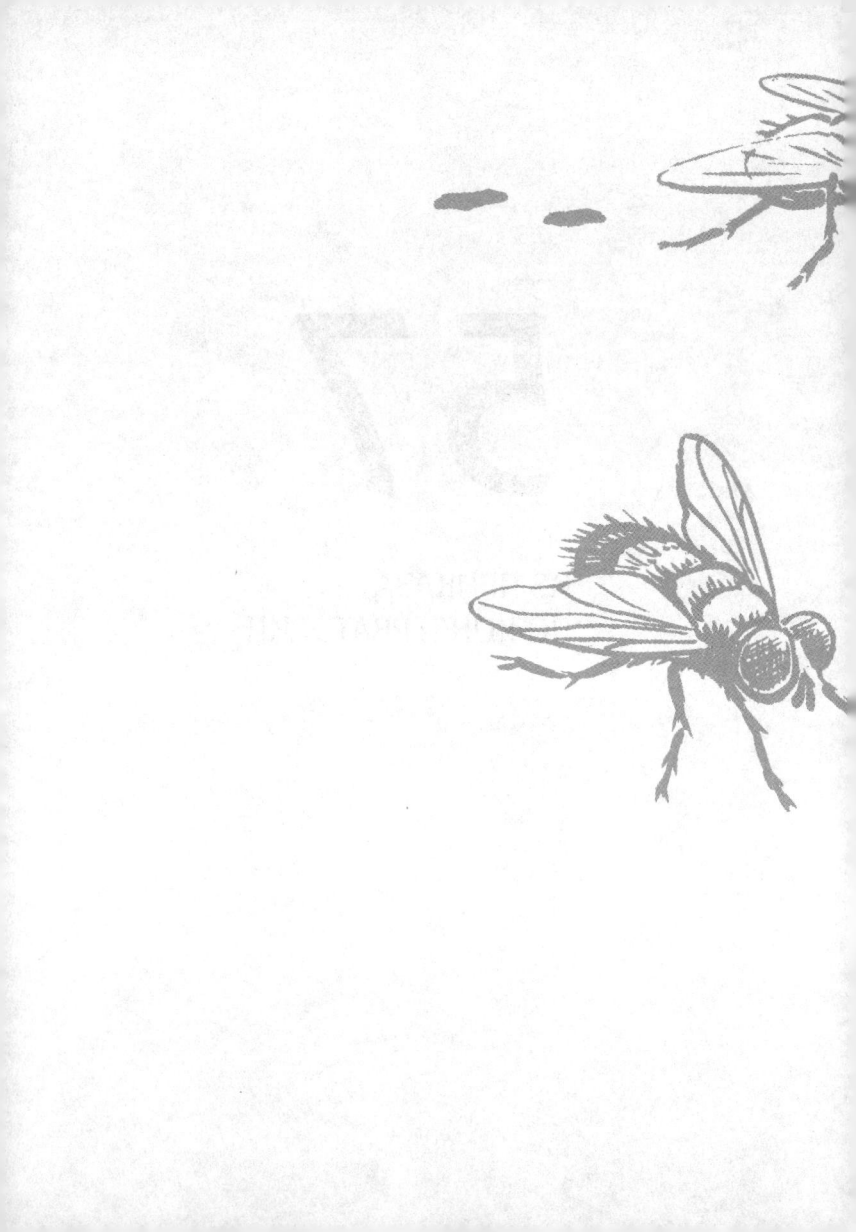

«...всем студентам отделения духовых инструментов срочно явиться в медпункт для сдачи крови. Ректор Рябинин».

58.

ТЕЛЕФОННЫЙ ЗВОНОК

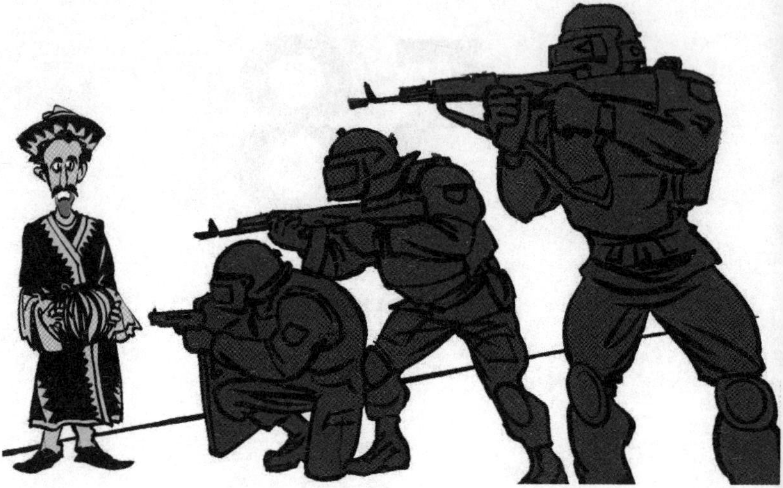

— Что мне с ними делать?
— С кем?
— Да мне тут инопланетян навезли, товарищ майор! Лысых, с голубыми глазами.
— Откуда?
— Двое с Марса, один с Венеры, остальные без определенного места жительства.
— Откуда привезли?
— Из Минздрава, товарищ майор!
— Так допросите их.
— О чем?
— Откуда я знаю? Допросите и отправьте назад.
— Так не берут их назад! У них бумага — «доставить», а про «назад» там нет ничего. Психи волнуются, плачут... И казахи не помещаются.
— Какие казахи?
— Обычные такие казахи.
— Куда они у тебя не помещаются?
— В «обезьянник». А их везут и везут...
— Перестаньте засирать мне мозги, товарищ старший лейтенант! Сделайте что-нибудь и доложите по форме.

59.

СООБЩЕНИЕ РИА НОВОСТИ

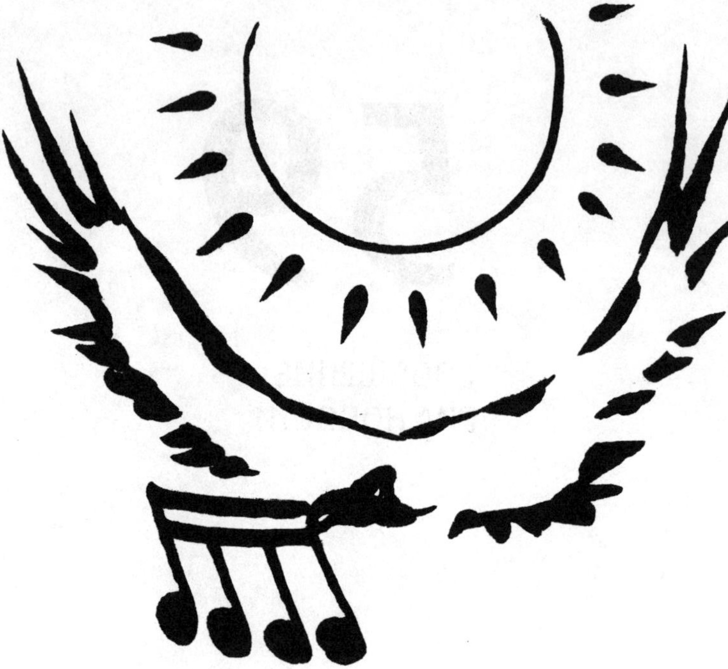

«Вчера в Астане послу РФ в Казахстане была вручена нота протеста в связи с массовыми задержаниями в России граждан Казахстана. МИД Казахстана глубоко-глубоко недоумевает и рассматривает это как недружественный шаг, способный осложнить».

60.

КРИК В ОТДЕЛЕНИИ ПОЛИЦИИ

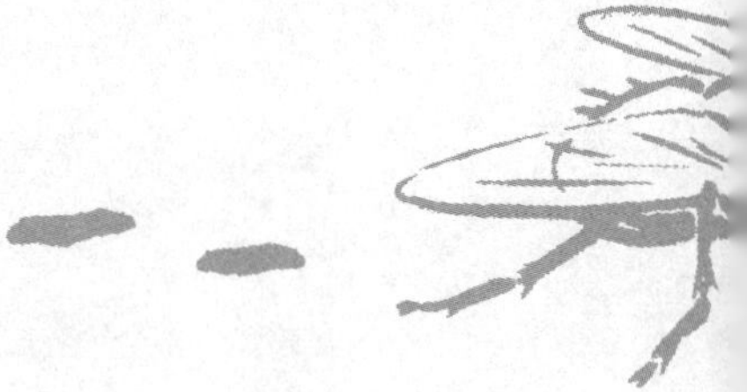

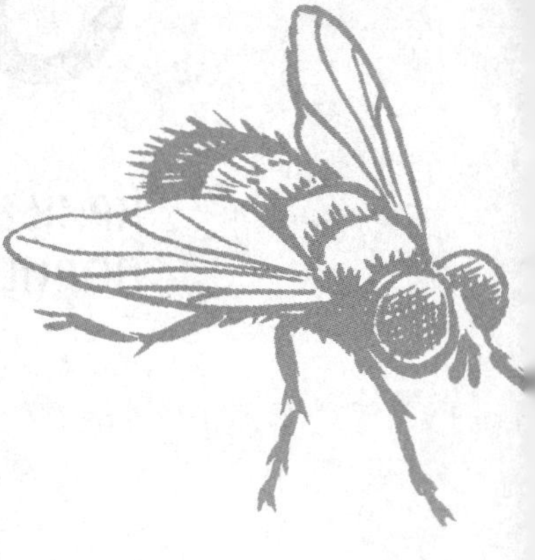

— Ты, млять, казахов от узбеков отличать научишься когда-нибудь, товарищ сержант? А? Что молчишь? Или ты думаешь: если чурка, то и казах? Ты документы их видел? Там что написано? Ты по-русски читать умеешь? Нет? Я тебя не аттестую, мордва ты бессмысленная...

61.

КРИКИ

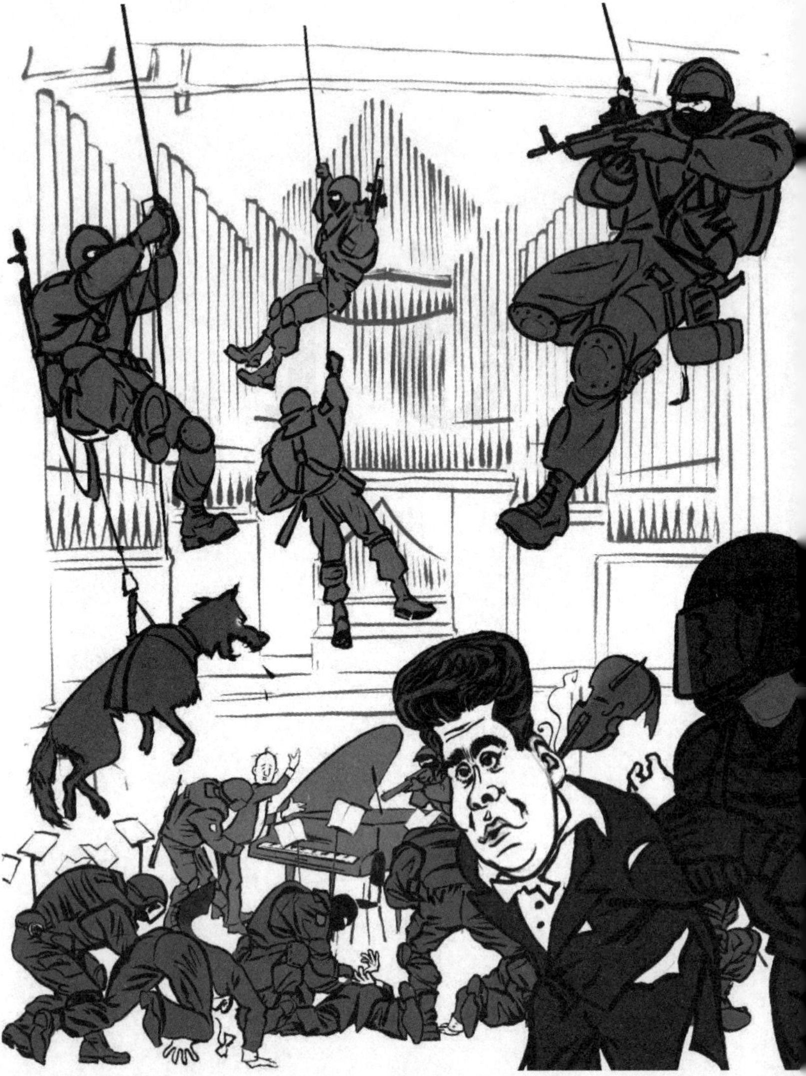

— Пустите! Пустите, я вам говорю!
— Что вы делаете? Я народный артист СССР!
— Иди сюда! «Эсэсэсэ-эр...»
— Перестаньте немедленно! Не трогайте меня руками! Уберите руки!

62.

СООБЩЕНИЕ РИА НОВОСТИ

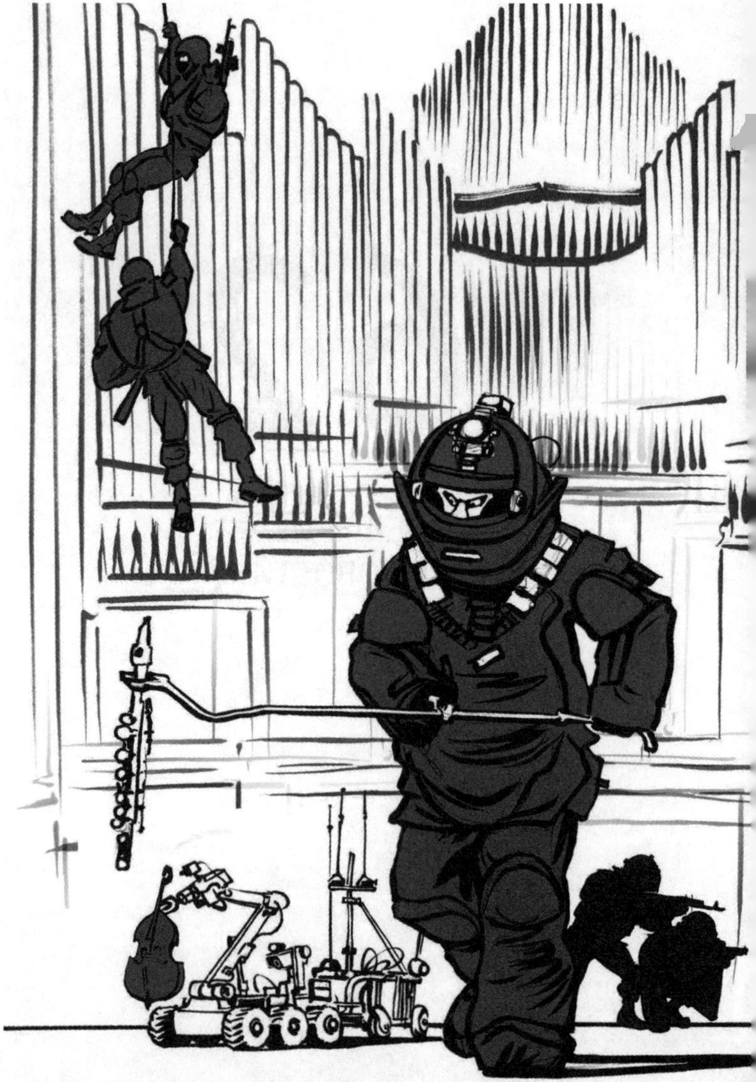

«Сегодня в зале имени Чайковского во время исполнения Первого концерта Чайковского (си-бемоль минор) взяты с поличным пианист Денис Мацуев и оркестр Московской государственной филармонии (дирижер Юрий Симонов) в полном составе. Местонахождение задержанных их адвокатам неизвестно».

63.

ИЗ ПРИКАЗА ПО ФСБ РФ

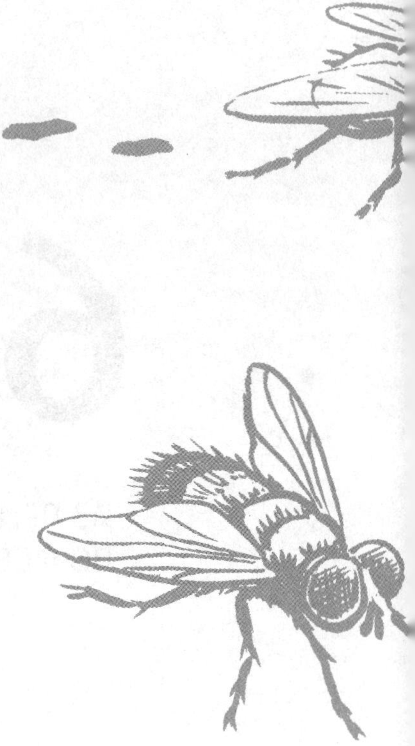

«Обеспечить полную секретность мероприятий, проводимых в рамках операции "Бекар", со всех привлеченных взять подписку о неразглашении...»

64.

ЗАГОЛОВКИ НА ПЕРВЫХ ПОЛОСАХ

64

Газета «КоммерсантЪ»
«Флейтист подкрался незаметно»

Газета «Комсомольская правда»
«Инопланетянин живет на Лубянке!»

Газета «Жизнь»
«До конца света осталась неделя!!!»

«Спорт-Экспресс»
«ЧМ-2018 под вопросом»

65.

ИЗ СТАТЬИ В ГАЗЕТЕ «ЗАВТРА»

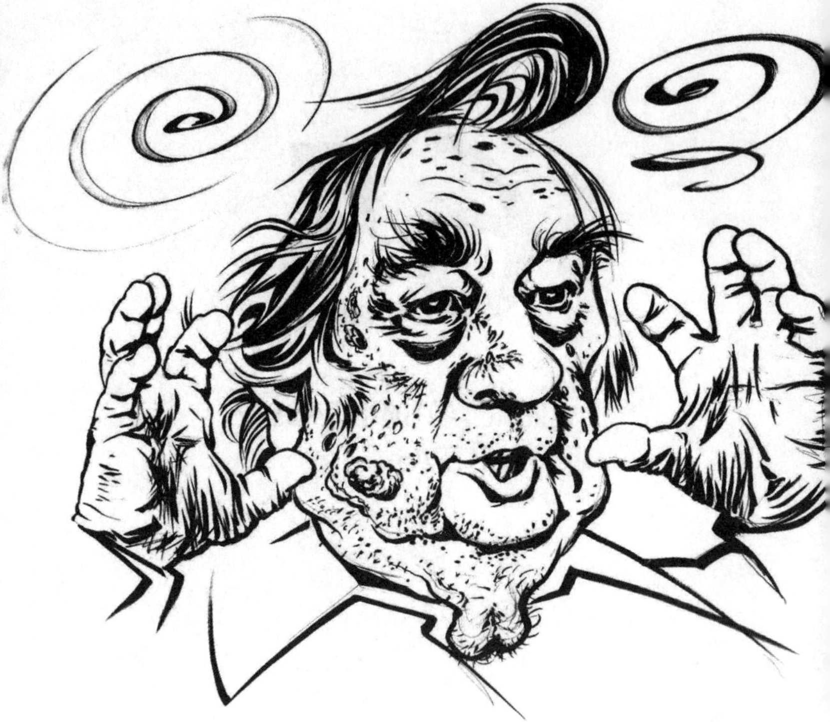

«Четыре русские империи рождались из таинственных вихрей. Из пучка лучей и небесных радуг. Из одинокого подвига и сокровенной молитвы. Пятую алкали в святом усилии ратники Приднестровья и страстотерпцы 1993-го. Аскеты лубянского ордена искали державные скрепы для земли русской в тумане либеральной смуты — и нашли их под спудами Иоанновой могилы и в тюменских нефтяных недрах. Но гнилым студнем уже распалось русское пространство, зараженное атлантическим грибком, и выблядки Бжезинского и Олбрайт, картавя и пришепетывая, позвали коней Апокалипсиса на волжские равнины…»

66.

ГОРЯЧАЯ ЛИНИЯ. КРЕМЛЬ (МОСКВА) — БЕЛЫЙ ДОМ (ВАШИНГТОН, DC)

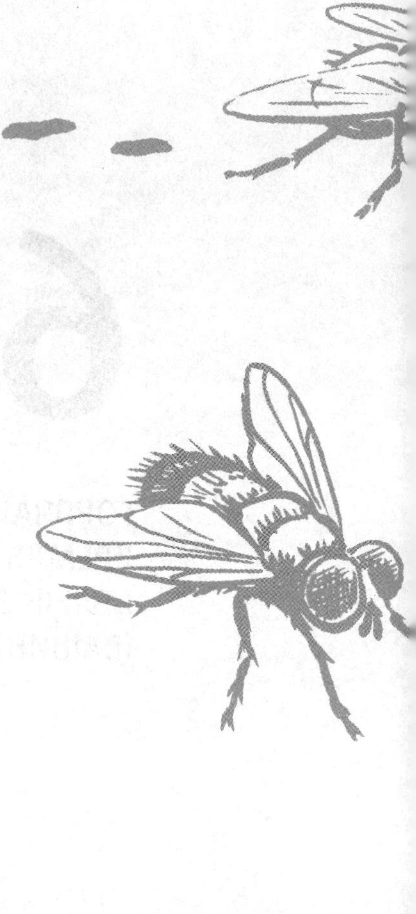

— Добрый вечер, Владимир!
— Доброе утро, коллега! Хау ар ю?
— Да я-то файн...

67.

ПРОГРАММА «ВРЕМЯ».
ЗАКАДРОВЫЙ ТЕКСТ

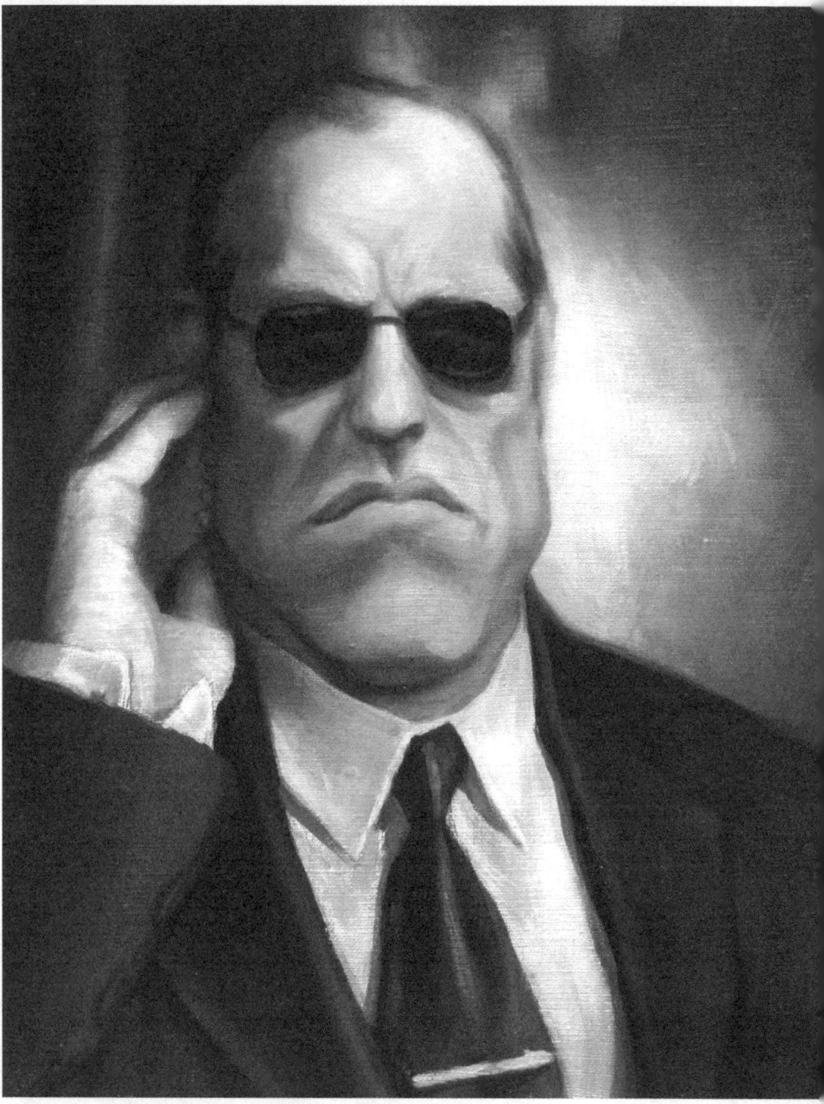

«В Москве свежо и солнечно. Синоптики обещают, что осень тоже будет теплой. В школах продолжается подготовка к новому учебному году, во МХАТе имени Чехова начались репетиции нового спектакля. В привычном режиме работают учреждения...»

68.

ПЯТЬ НОВОСТЕЙ НА ЯНДЕКСЕ

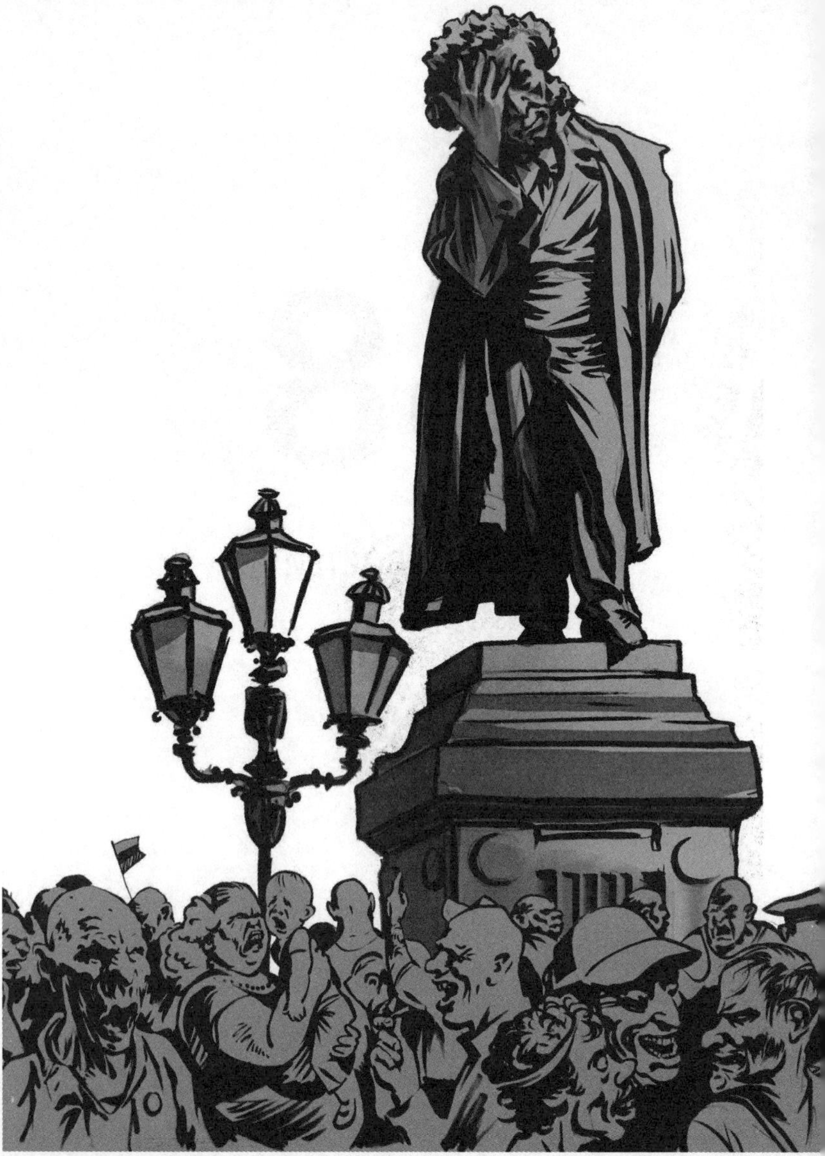

На Поволжье и Урале продолжаются массовые драки скинхедов и азиатов.

К Московской консерватории стягиваются подразделения башкирского ОМОНа.

Толпы мародеров взяли штурмом магазин «Ашан».

Оглашен приговор группе геев и правозащитников.

Нижнетагильский Уралвагонзавод посылает танк и семьсот рабочих для защиты президента России от инопланетян.

# 69.

ПЕРЕТЯЖКА НА ТВЕРСКОЙ УЛИЦЕ

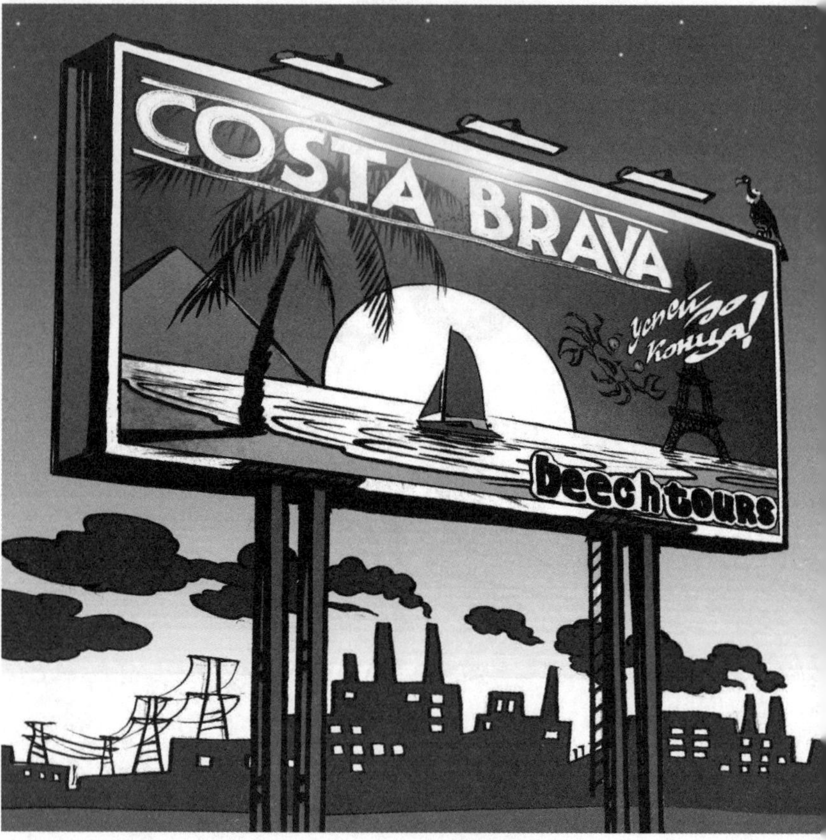
COSTA BRAVA
Успей до Конца!
beech tours

«Успей до конца!» Специальное предложение! Коста-Брава, Майорка, Канары, Мальдивы — за полцены!

70.

НОВОСТИ РБК

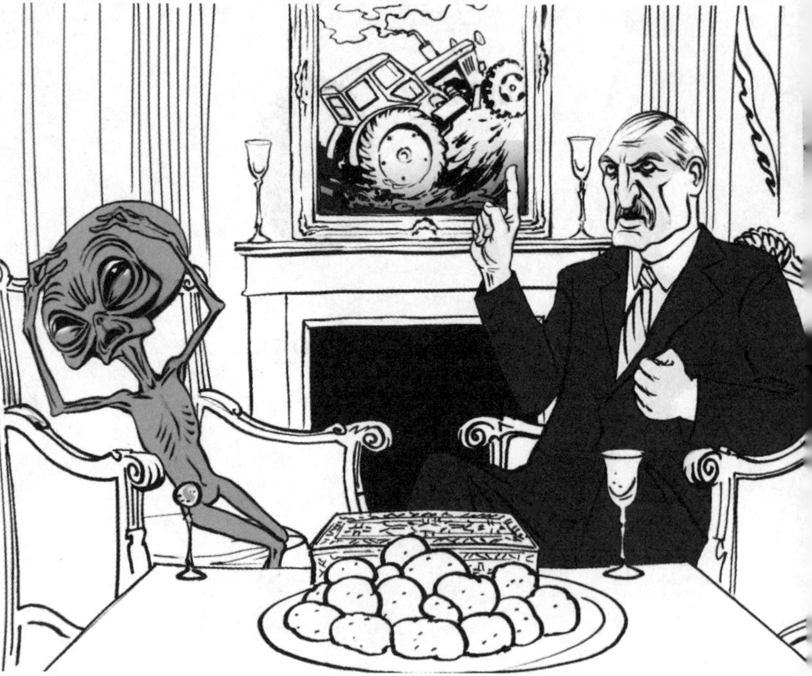

Обвал на токийской бирже.

Президент Белоруссии Александр Лукашенко заявил, что готов выступить посредником в переговорах с инопланетянами.

Власти Голландии разрешили употребление марихуаны в детских садах.

Телекомпания BBC приобрела исключительные права на показ конца света в прямом эфире.

Сенатор Маккейн назвал Обаму грязным ниггером.

Организация «Хезболла» взяла на себя ответственность за все.

71.

РАЗГОВОР
В КРЕМЛЕ

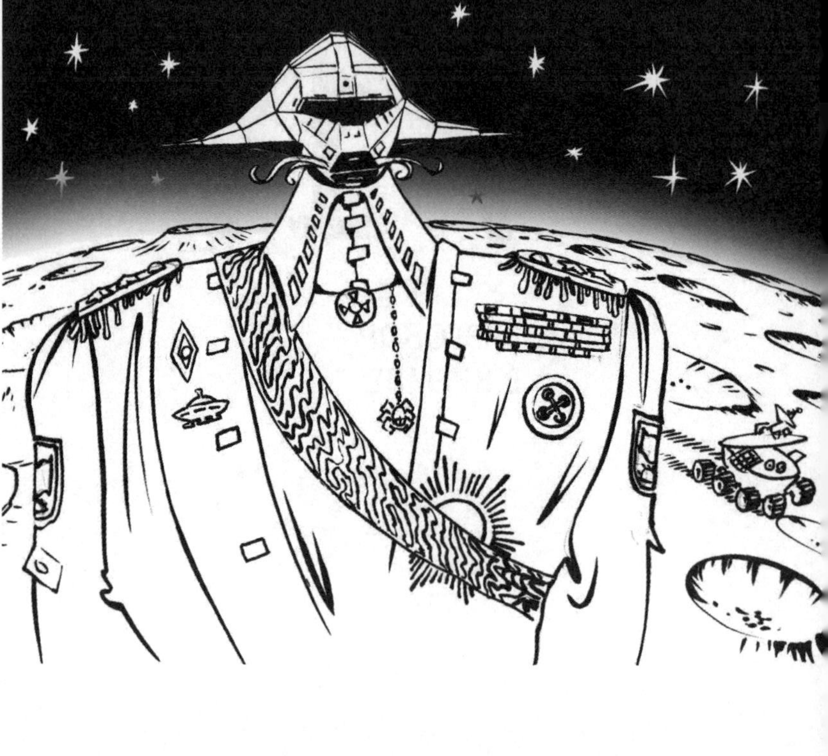

— А кто у нас руководит операцией?
— Постнов, генерал.
— Из Управления «Z»?
— Он самый.
— Справится?
— Клим Игнатьевич-то? Должен. Больше некому...

72.

СОВЕЩАНИЕ В УПРАВЛЕНИИ Z

— Надо, чтобы ему тут понравилось!
— Что?
— Всё! Надо, чтобы ему тут все понравилось. Причем срочно. Где он?
— У нас.
— Как у нас?
— На Лубянке.
— Зачем?
— Сидит.
— Что-нибудь рассказывает?
— Да он уже все рассказал, теперь просто сидит.
— Семен Палыч, вы идиот?
— Сами вы идиот, Клим Игнатьевич.
— Они же нас грохнут сейчас! Он — наше все! Вы ему дупу лизать должны!
— Ему?
— Да! Сейчас — ему! Перевести в пансионат, любить, выполнять желания! Он вообще по жизни чего хочет?
— Гармонии.
— Так купите ему гармонию! Я за вас соображать должен? И ненавязчиво, ненавязчиво! Между прочим, само собой! Забота о людях! Нравственное прозрение, давняя любовь к классической музыке... И этого позовите, с бабочкой... Ну этого... Млять, кто у нас с бабочкой?

— Набоков?
— Сам ты Набоков! В телевизоре, про музыку словами рассказывает...
— Бэлза.
— Вот! Бэлзу ему привезите, пускай про культуру пошелестят. Ну и вообще — гуманизм, фуе-мое, красота спасет мир! Ему должно тут понравиться, слышите?

73.

БЕСЕДА В ПАНСИОНАТЕ, НА ПРОГУЛКЕ ВДОЛЬ РОЗАРИЯ, ПОД ТОККАТУ И ФУГУ РЕ-МИНОР ИОГАННА СЕБАСТЬЯНА БАХА

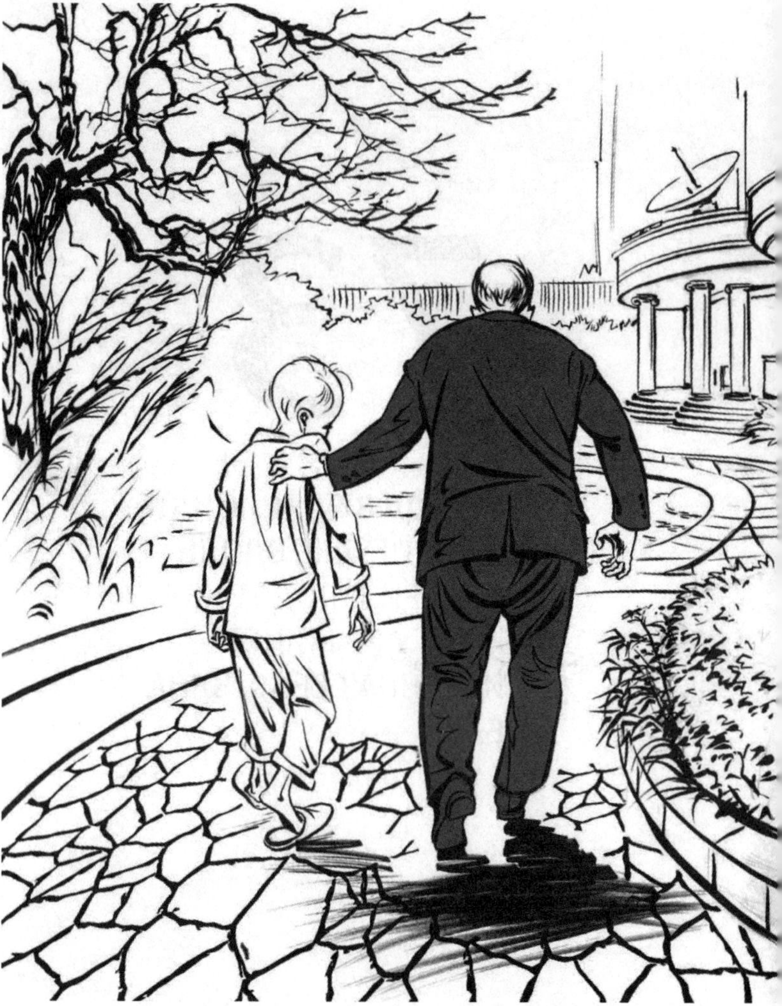

— Ах, Сергей Иванович, дорогой наш Сергей Иванович, ну как же так? Ну почему же вы раньше не рассказали о вашей прекрасной цивилизации? Мы же так давно ищем поддержки в космосе. Ведь мы тут боремся, боремся... Бьемся, как рыба об лед! За мир во всем мире, за духовность, за музыкальность! Кругом столько грязи, вы не поверите! Такое нравственное падение, такая жестокость, бескультурье ужасное... Но ведь только теперь все и начинается! Новые подходы, модернизация, культурный приоритет! Сыграли бы вы про нас что-нибудь хорошее, а? А тот человек, который с вами плохо обращался, — он уволен из органов, уже уволен! Мы с этим боремся сейчас. Уволен и сослан без права переписки! Он опозорил все человечество! Мы его за это, млять, как зайца теперь гонять будем, пока не сдохнет... Потому что человек — это же превыше всего, правильно? Это звучит гордо. Сергей Иванович, скажите что-нибудь, а то что я все один разговариваю?..

74.

АНОНС

«Плоды космонавтики». Нашему корреспонденту удалось встретиться с матерью пришельца! Читайте в одном из ближайших номеров «МК».

75.

ОТЧЕТ О ПРОДЕЛАННОЙ РАБОТЕ

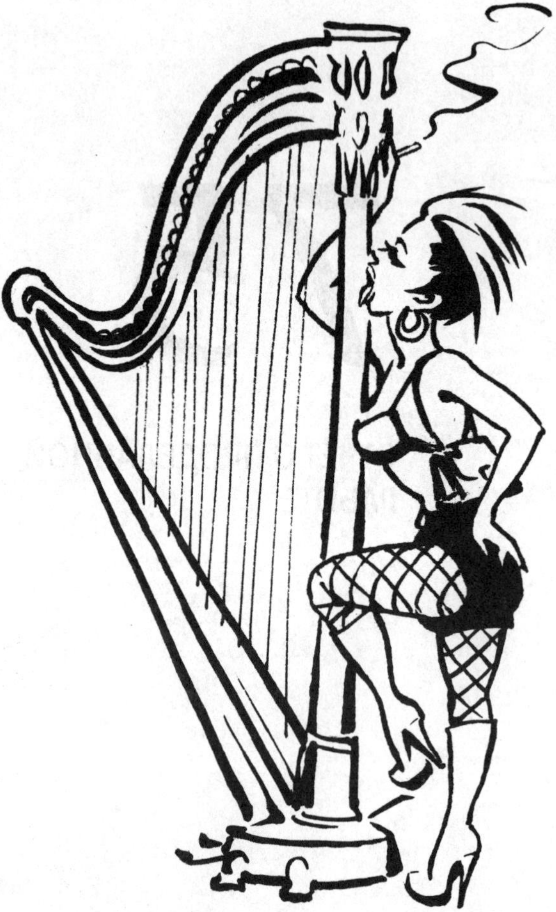

— Вот, Клим Игнатьевич, тут вся информация. Пансионат «Тайные дали» — наш, закрытый. Отдельный коттедж, номер люкс, окна на сосновый бор и берег. Погода хорошая, облака разогнали, соседей тоже. На дорожках — тихая классическая музыка. Телевизор показывает пейзажи и балет. Новости ему записываем специально: счастливые дети, благодарное население, новобрачные возлагают цветы к памятнику Чайковского. На завтраке арфистка играет.
— Красивая?
— Сам отбирал.
— Потом привезешь, если успеем. Что мамаша?
— Мамашу держим отдельно, готовим к встрече.
— Скорее давайте. Как думаешь, пробьет его на жалость?
— Не знаю. Вообще, старуха та еще. Я бы ее первую уничтожил.

76.

ИЗ СТАТЬИ В ГАЗЕТЕ «МК»

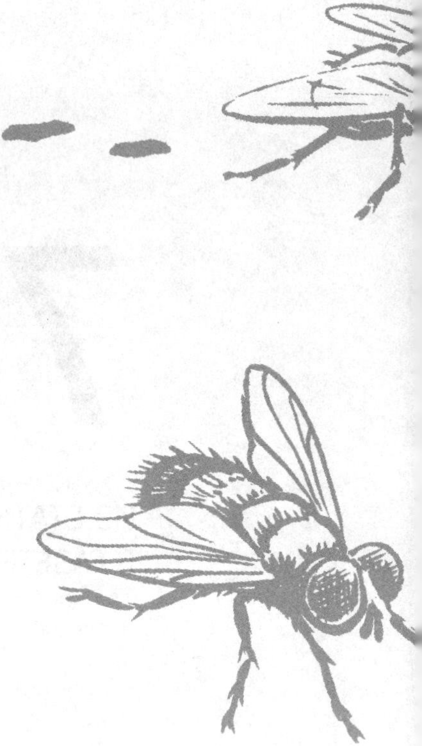

«В юности Таисия Петровна (в ту пору просто Тая) работала на Байконуре. Она помнит улыбку Гагарина и холодные ветры казахстанских степей. На ее глазах разворачивалась эпическая сага покорения космоса. Больше полувека она молчала, опасаясь расплаты КГБ за свою неземную любовь, и только сейчас, на закате своих дней, решилась рассказать об этом скупыми недлинными словами... Когда, уходя, я оглянулась, она стояла на крыльце и смотрела в закатное небо, украдкой вытирая невольную слезу. И что-то шептала...»

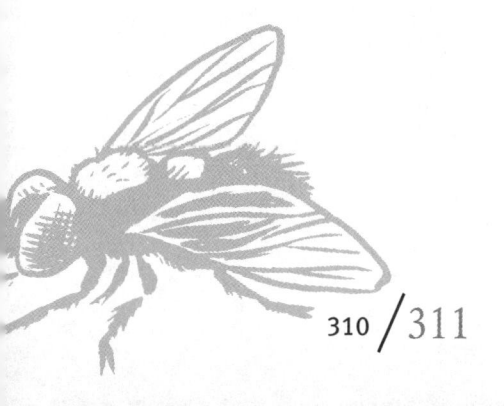

77.

ТЕЛЕФОННЫЙ РАЗГОВОР

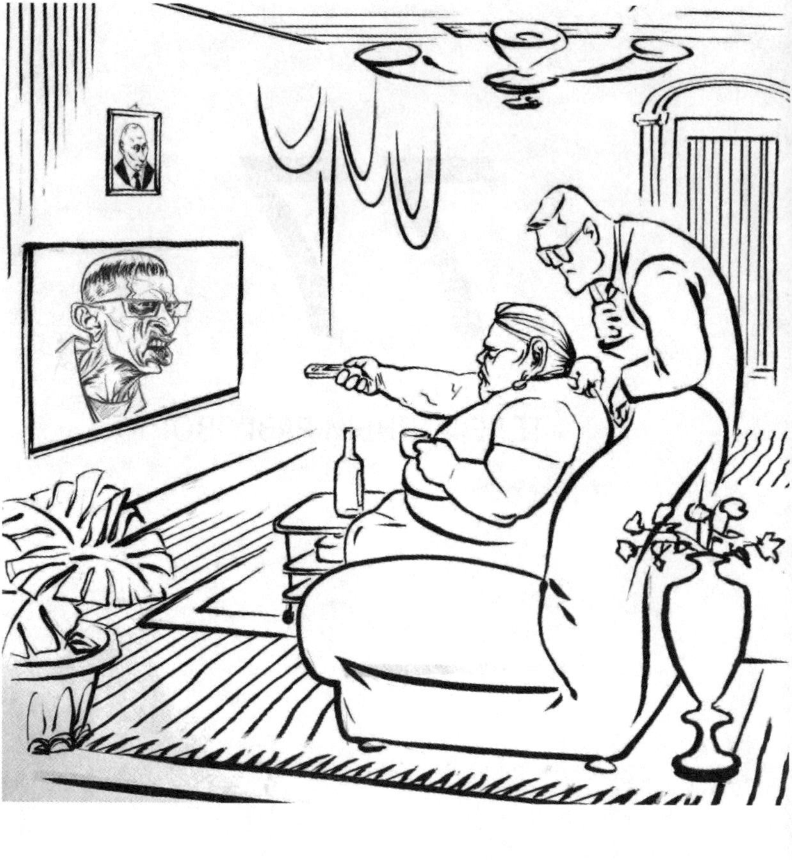

— Ну что?
— Да все то же, Клим Игнатьевич! Ханку жрет и сериалы смотрит.
— Погоди ты. Она вообще врубилась, чего происходит?
— Да мы рассказываем ей каждый день, с самого начала!
— И что?
— Ноль эмоций. Лупит только глазами и на часы смотрит, чтобы сериал не пропустить. Дохлый номер! Старуха нам не поможет. Он ее если увидит, такое сыграет — нас сразу грохнут.

78.

ТЕЛЕФОННЫЙ РАЗГОВОР

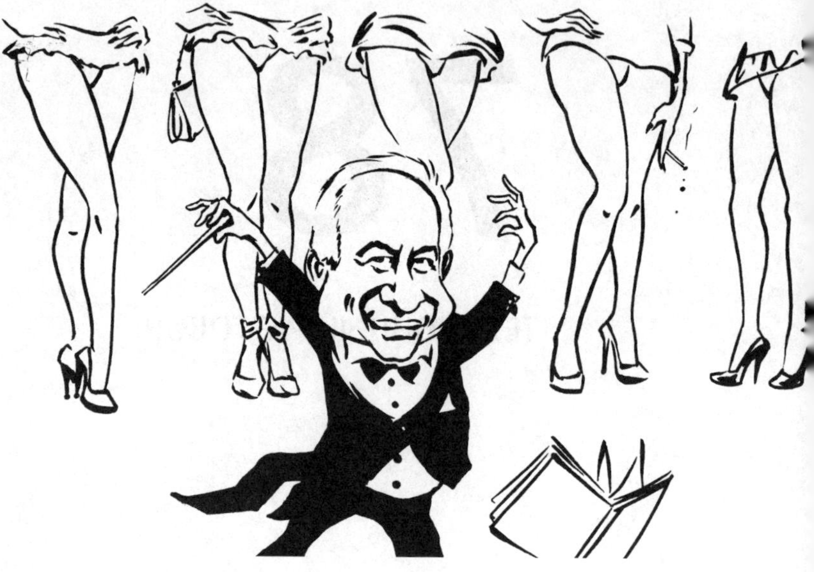

— Это Постнов. Ну что?
— Молчит, Клим Игнатьевич. Депресняк у него.
— Баха ему играете?
— Все время, Клим Игнатьич. Их много оказалось, по очереди играем.
— Кого много?
— Бахов.
— Держите вопрос под контролем. И девку привезите ему хорошую, пускай натрахается, мозги расслабит...
— Привозили, пять штук на выбор!
— И что?
— Ничего хорошего. Увидел — завыл, спрятался за торшер...
— Вы каких привезли?
— Лучших по профессии! Не надо ему этого вообще.
— Ну мальчиков привезите.
— Да вообще ничего ему не надо! Он не по этой части.
— А по какой? Ах да. Ну Спивакова ему привезите.
— С виртуозами?
— Ага. Пять штук, на выбор.

79.
ДОКЛАДНАЯ ЗАПИСКА

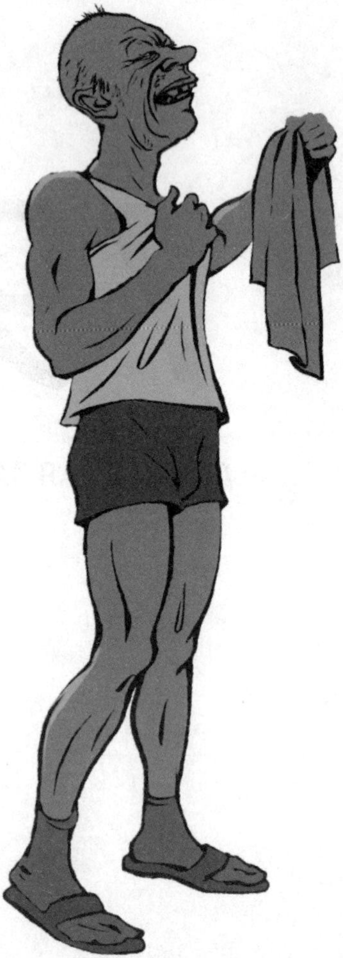

«Я, майор Полундро, докладываю, что 2 июля с. г. в приемную ФСБ (Кузнецкий мост, 22) пришел гр. Копытьев Степан Семенович, 1967 года рождения, называющий себя братом по матери инопланетянина Сырцова, находящийся в затруднительных условиях. Означенный Копытьев просит материальной помощи во имя жизни на Земле. В случае отказа утверждает, что ни за что не ручается...»

80.

ИЗ МИЛИЦЕЙСКОЙ СПРАВКИ

08

INTRODUCTION

«На ваш запрос № ... сообщаем, что Копытьев Степан Семенович, 1967 года рождения, действительно является сыном от второго брака Сырцовой Т. П. и братом по матери инопланетянина Сырцова. В 1990 году был судим по ст. 206, ч. 2 и ст. 146, ч. 1 (хулиганство, грабеж), приговор 3,5 года. В настоящее время проживает по адресу: Московская область, г. Мытищи, ул. Юбилейная, дом 27, корп. 3, кв. 40, работает в частном охранном агентстве «Центурион-Ярослав».

81.

БЕСЕДА ЗА ПИВКОМ

— Ведь вы никогда не виделись с братом?
— Так не надо нам видеться-то! Здесь всё, здесь, в душе... Сердцем чувствуем. Родная кровь! А вы — виделись, не виделись... Эх...

Бульк. Бульк.

— Ваше здоровье.
— И тебе не хворать, паря.

Глум. Глум.

— А не надо было потому что обижать простой народ! Думали, все вам вот так вот сойдет, да? А братуха мой, Серега Сырцов, он все видел! Он теперь за всех честных людей и спросит... Бога потому что надо было помнить!
— Что же теперь нам делать, как вы думаете, Степан Семенович?
— А что теперь? — теперь отвечать... это... по всей строгости.
— Вы говорили, что можете на него воздействовать?
— На Серегу-то?
— На Сергея Ивановича.
— Да мне похер это — «воздействовать»... А поговорить по-человечески — чего ж... Не чужие люди! Посидим, порешаем вопросы...
— Первым делом, Степан Семенович, надо попросить его отложить окончательное решение.

— Может, и отложим. Как пойдет. Только вы это... насчет чего договаривались...
— Завтра, Степан Семенович! Завтра, обязательно.
— Не забалуйте смотрите.
— Родина не балует, Степан Семенович.
— А то давайте сверху еще лимон зелеными, а? Все равно ж конец света. Гы-ы...

— Может, что-нибудь... Кой поедет, понесёт...
Стеганой дороги недели...
— Петька, Стёпка, снимайся! Завтра обязательно...
— не забудьте смотрите...
— Родина не знает старших Семёновых.
— А то грохот свежу ещё лихом травами, затор равен. Конец света! И на...

82.

РЕШЕНИЕ
АКЦИОНЕРНОГО
СОБРАНИЯ
ОАО «ГАЗПРОМБАНК»

82

«Ввести в состав правления ОАО "Газпромбанк" Копытьева Степана Семеновича...»

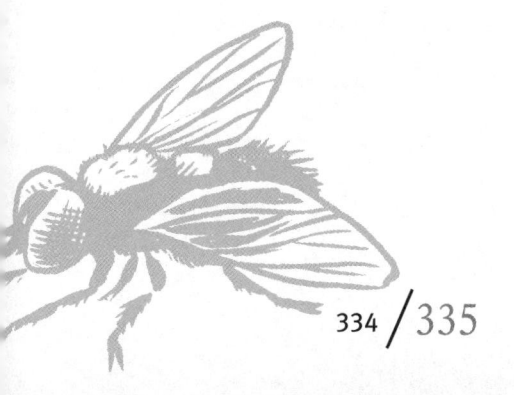

83.

В ЦЕНТРОБАНК РФ, СРОЧНО, СЕКРЕТНО

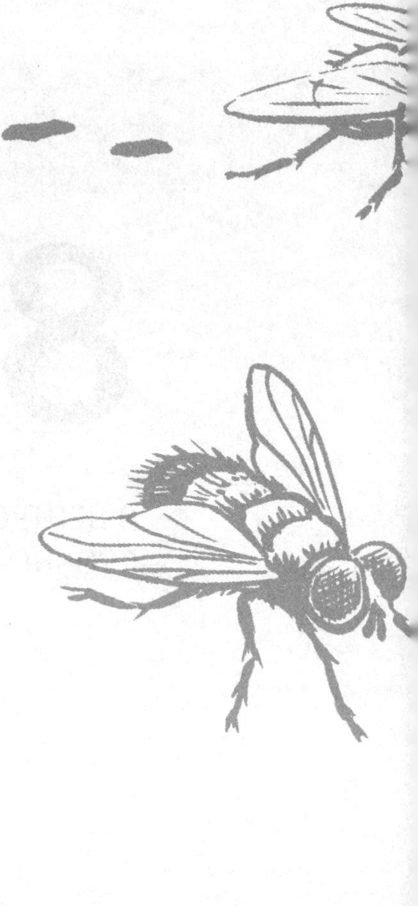

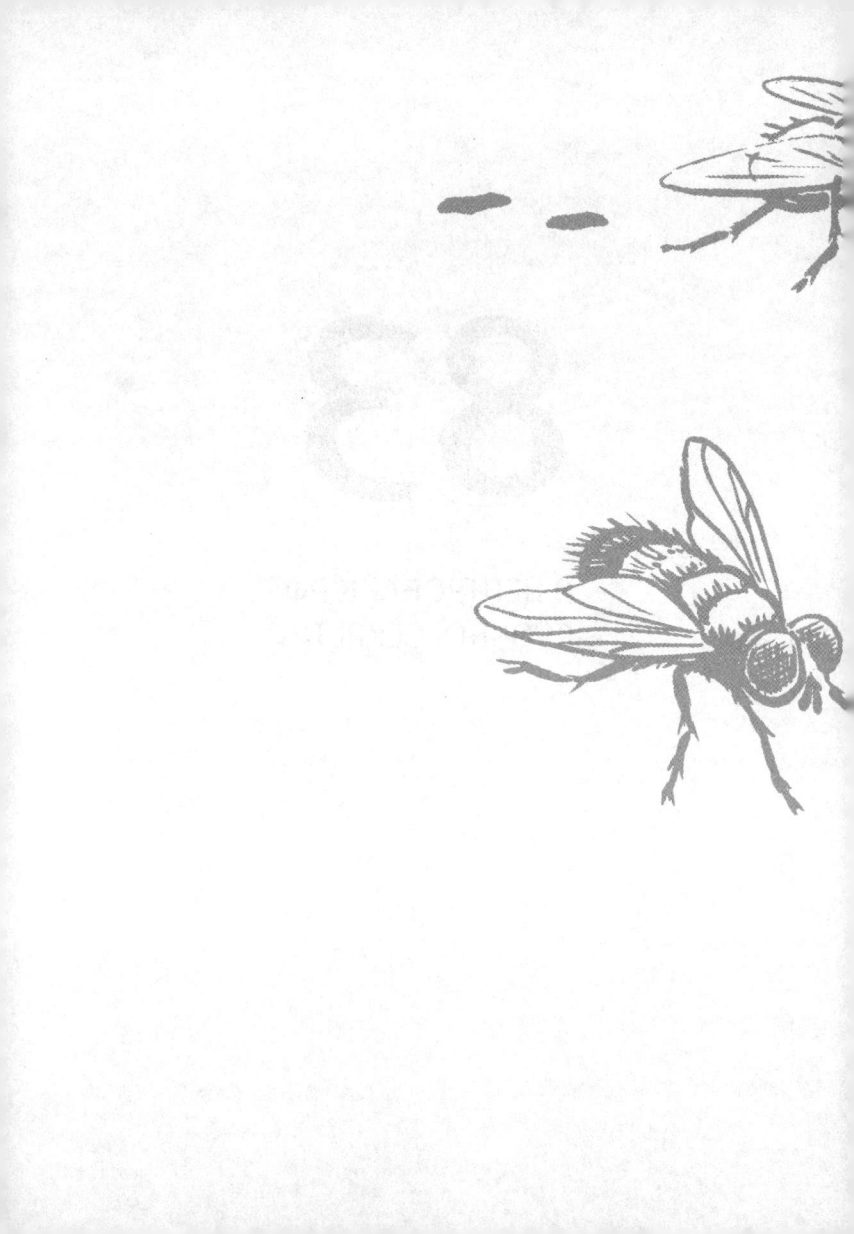

«Выделить до конца квартала дополнительно Государственной корпорации "Антикосмос" 7500000000 рублей (семь с половиной миллиардов рублей)...»

84.

ТАБЛИЧКА НА ДВЕРИ (ЗОЛОЧЕНАЯ)

Центральный Научно-исследовательский институт повышения гравитационной устойчивости Академии наук Российской Федерации (ЦНИИПГУ АН РФ)

85.

ЭКСКУРСИЯ ПО ПОСЕЛКУ
ПЕТРОВО-ДАЛЬНЕЕ
(РУБЛЕВСКОЕ ШОССЕ,
МОСКОВСКАЯ ОБЛАСТЬ)

— А это чей строится?
— С кариатидами? Это Ватрушева Эразма Петровича домик будет.
— Из Совбеза?
— Его. Он под инопланетян смету получил. Вот, борется.
— Со сметой?
— Ну.

86.

ДИАЛОГ В ДВЕРЯХ

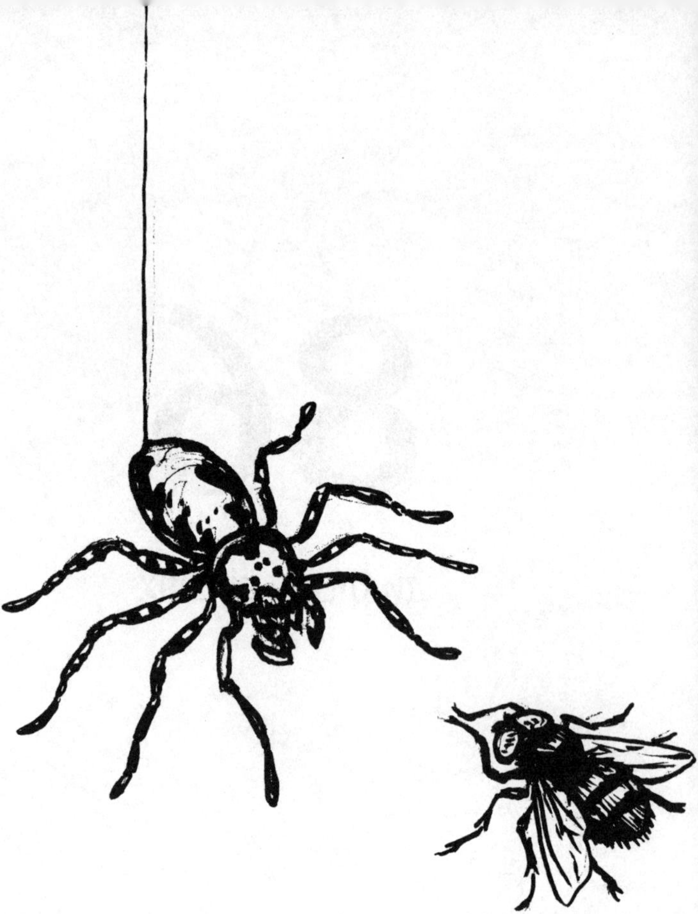

— Привезли, товарищ майор.
— Брата?
— Ага.
— Хорошо. В холле оставьте его. Шампанское, фрукты?
— Все готово.

87.

ВСТРЕЧА БРАТЬЕВ

— Здорово, братуха!
— А-а-а-а! Нет, не-е-ет!..

88.

**РЕШЕНИЕ
АКЦИОНЕРНОГО
СОБРАНИЯ
ОАО «ГАЗПРОМБАНК»**

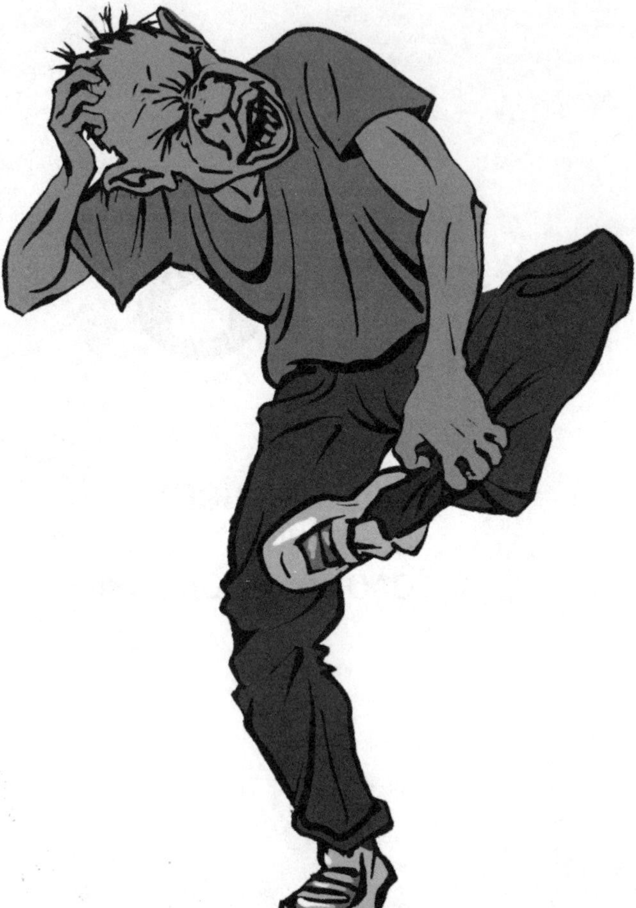

«Вывести из состава правления ОАО "Газпромбанк" Копытьева Степана Семеновича».

89.

ДИАЛОГ В МАШИНЕ

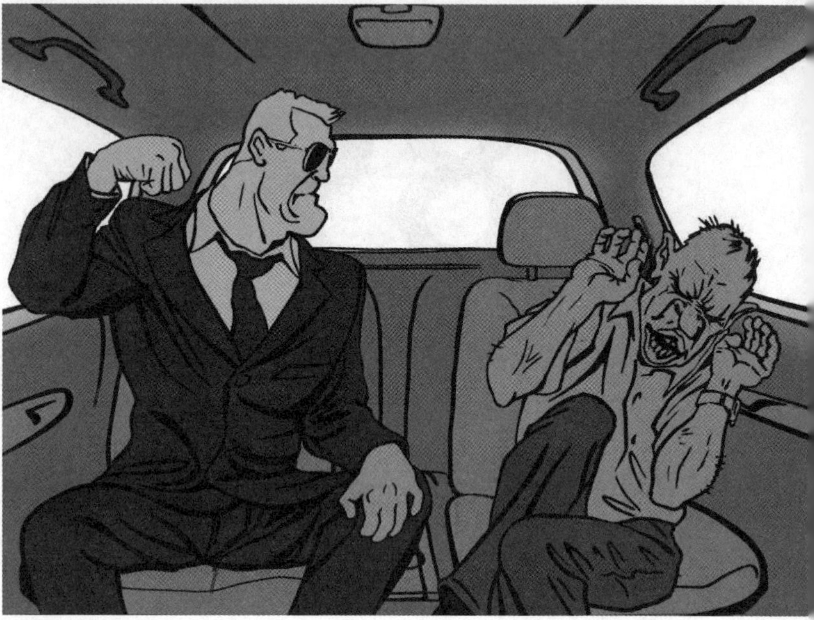

— Мы сейчас к вам заедем, за денежками.
— В каком смысле?
— В прямом. Заберем денежки и сдадим их обратно в казну, под протокол.
— Не, так не годится...
— Годится, гражданин Копытьев! Годится. И скажите спасибо, что мы вам ноги не отрезали ржавой ножовкой. «Братуха»...
— Ну, это... Игоряша...
— Тамбовский волк тебе Игоряша. А я товарищ старший лейтенант.
— Командир, может, договоримся?
— Конечно, договоримся. Мы договоримся, что ты отдашь Родине деньги и исчезнешь с горизонта, тварь. Не то ты у меня до конца света не доживешь.

90.

ТЕЛЕФОННЫЙ РАЗГОВОР

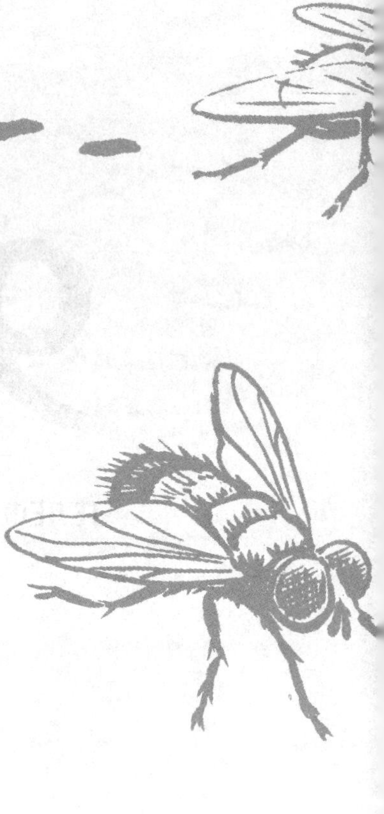

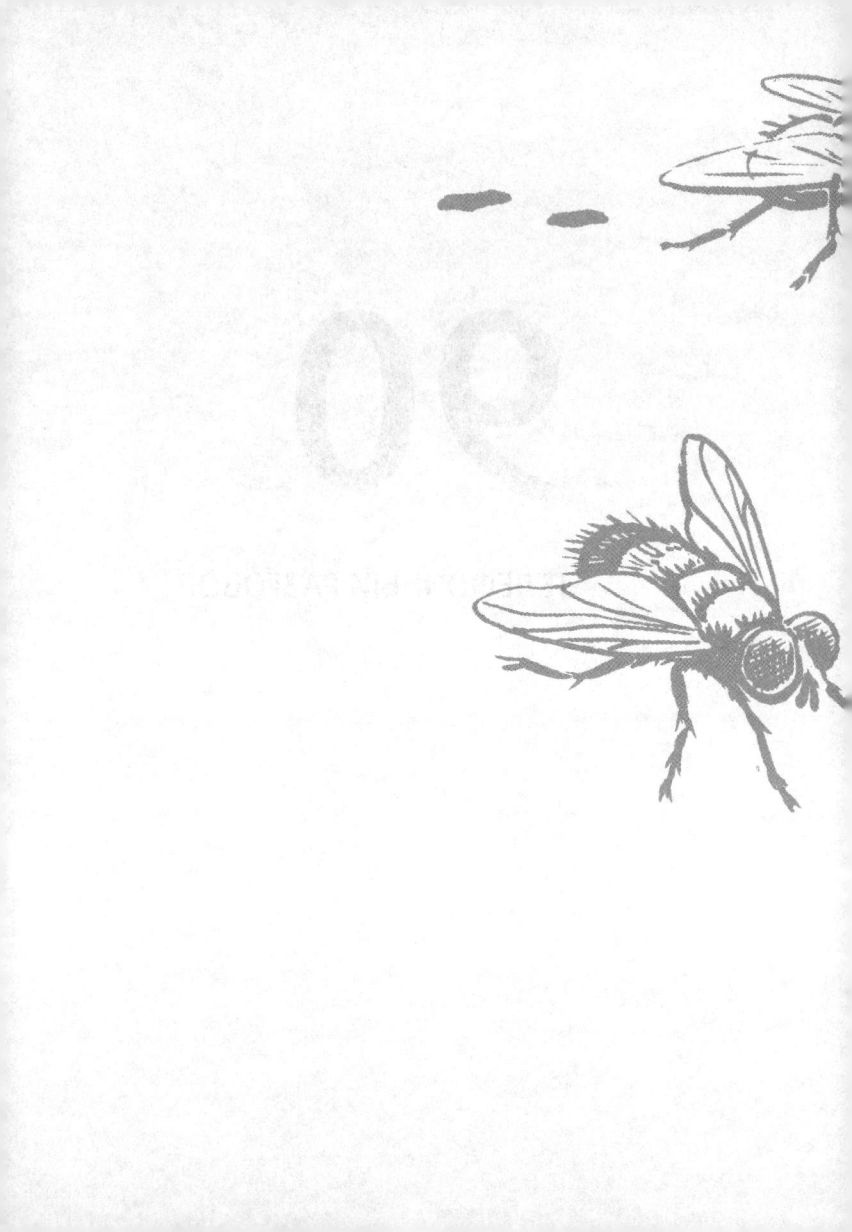

— Понял, оставайся на проводе.

Щелк, щелк.

— Это Постнов. Маму отменяем.
— Да? А я только пробился к ней...
— То есть?
— Ну дошло до нее наконец, чего происходит.
— Неужели.
— Так точно. Выразила готовность помочь по-родственному. Уже денег попросила и квартиру в Москве.
— Болт ей в голову, а не квартиру. Увози назад эту Сырцову!
— Она Копытьева...
— Нахер обеих.

Lentar
triste

Часть третья

91.

РАЗГОВОР НА ЗАВТРАКЕ

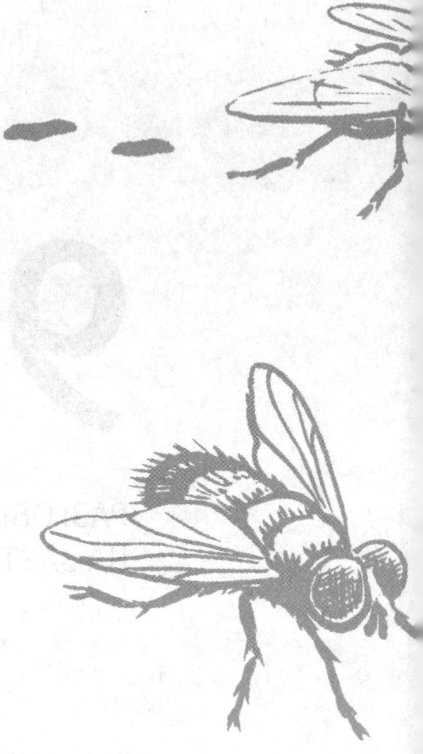

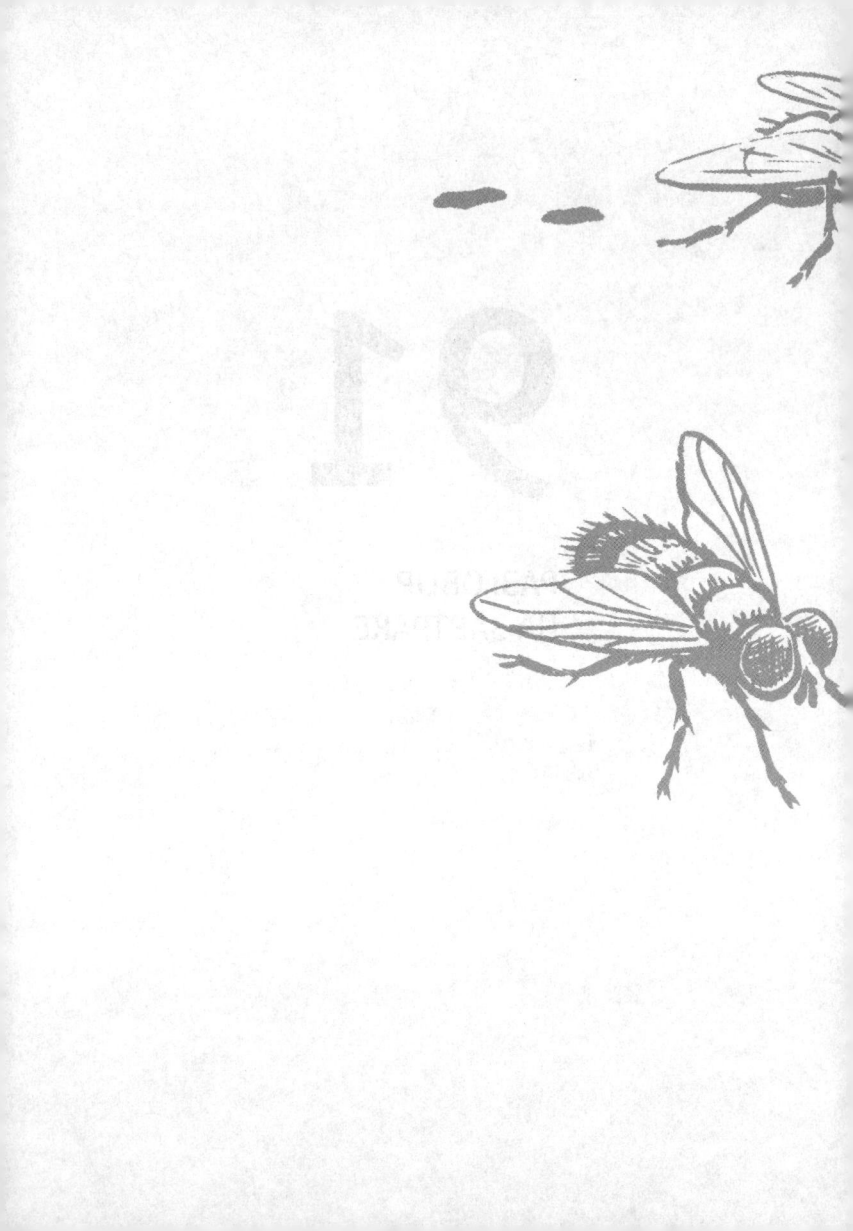

— Вам нравится эта музыка?
— Да. Так хорошо...
— Правда?
— Да. Никогда не видела.
— Это арфа.
— Да. Красиво!
— Как вас зовут?
— Айгуль.
— А меня — Сергей Иванович Сырцов... Паспорт номер...

Вздох.

92.
ТЕЛЕФОННЫЙ РАЗГОВОР

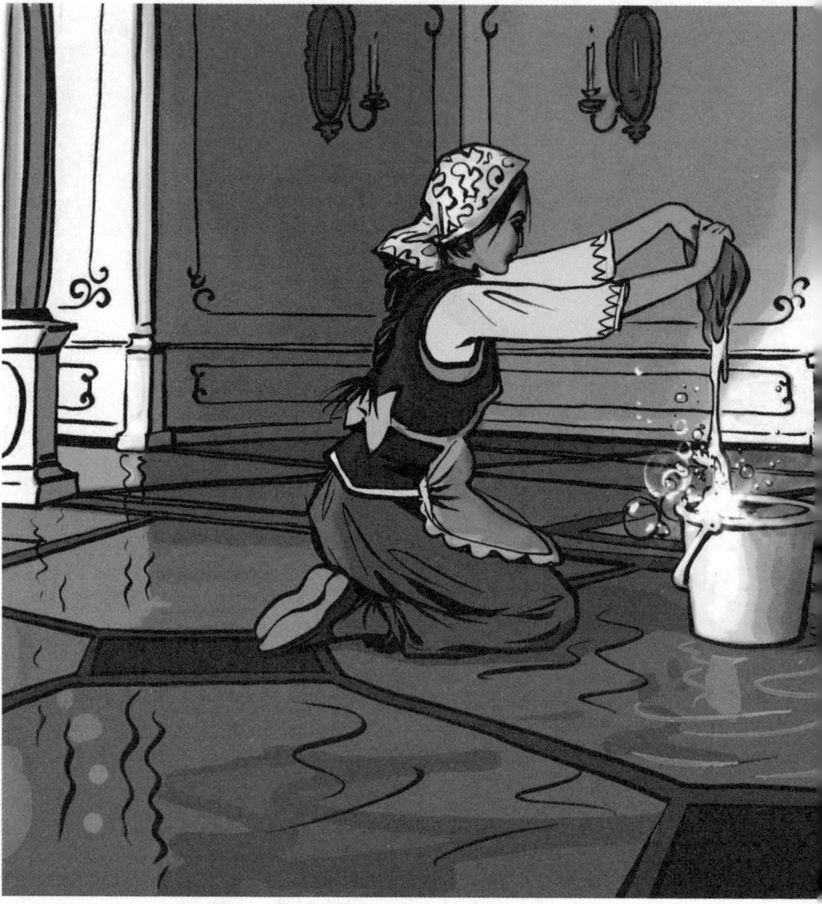

— Вошел в контакт с уборщицей. Второй день разговаривают, на завтраке.
— О чем?
— Ни о чем так особенно. Она арфу стояла слушала, а он заговорил. Зафиксировано четыре улыбки. Сегодня подошел и дотронулся до локтя.
— Та-ак...
— Пресечь?
— Ни в коем случае! Способствовать.

93.

ИЗ МИЛИЦЕЙСКОЙ СПРАВКИ

93

«Сакиева Айгуль, 1977 г. р., уроженка г. Ош (Узбекская ССР), в РФ с 1990 года. В пансионате "Тайные дали" работает с 2007 года в должности "уборщица"...»

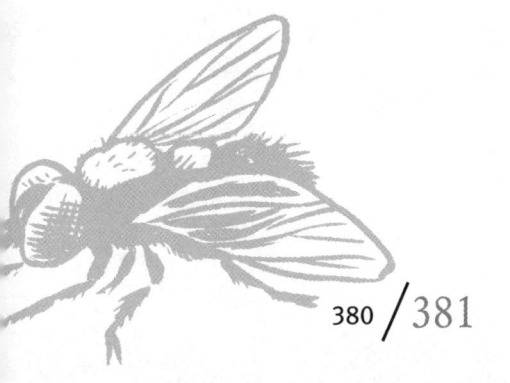

94.

РАЗГОВОР

— Садитесь, пожалуйста.
— Мне нельзя.
— Почему?
— Нельзя.
— Простите...
— Вы хороший человек. Редко бывает хороший человек.
— Я не человек. Почему вы смеетесь?
— Вы так смешно сказали. «Не человек»...
— Я похож на человека?
— Очень!
— Вы так смеетесь... Айгуль...

95.

ВСТРЕЧА НА ОСТАНОВКЕ

— Капитан?
— Дерьма кусок. Здравствуйте, доктор.
— Добрый день.
— Я пьян, я знаю...
— Все нормально.
— Ничего не нормально! Ну? Полечили больного, да?
— Нет. Не полечили.
— Флейта, «честный человек»... Слышали про вашего честного человека?
— Слышал... Слухи.
— Ничего не слухи, доктор! Нам всем кранты.
— Капитан, он человек. Больной совестливый человек! А кранты нам — уже давно.
— Это да... Бэ Моль! Я йопнусь, доктор. У меня крыша едет. А вы обещали вылечить, хе-хе-хе!
— Тут все с ума сошли. Он человек, как вы не можете этого понять! Человек! Просто я так и не успел найти ниточку к его болезни.

Молчание.

— Где он?
— Не знаю...

96.

ВОСПОМИНАНИЕ.
ГОЛОСА. 1967 ГОД

ВОСПОМИНАНИЕ
ГОЛОСОВ ДЕТСТВА

— Шибздик, а шибздик, ты чего такой мелкий?
— Я не шибздик.
— Шибздик-шибздик!
— Кто твой папа, шибздик?
— У него нет папы.
— Гы-ы-ы!
— Так не бывает!
— У него мамка инопланетянину дала!
— Го-го-го!
— Марсианину!
— С рожками! Го-о-о!..
— Шибздик, покажи рожки!
— Гы-гы-гы!
— Го-го-го!
— Ы-ы-ы-ы... Ы-ы-ы-ы!..
— Не плачь, шибздик! Мы маленьких не трогаем.
— Гы-гы-гы! Го-го-го!
— Только саечку сделаем.
— С-саечка!
— Саечка!

97.

ВОСПОМИНАНИЕ.
ГОЛОСА. 1971 ГОД

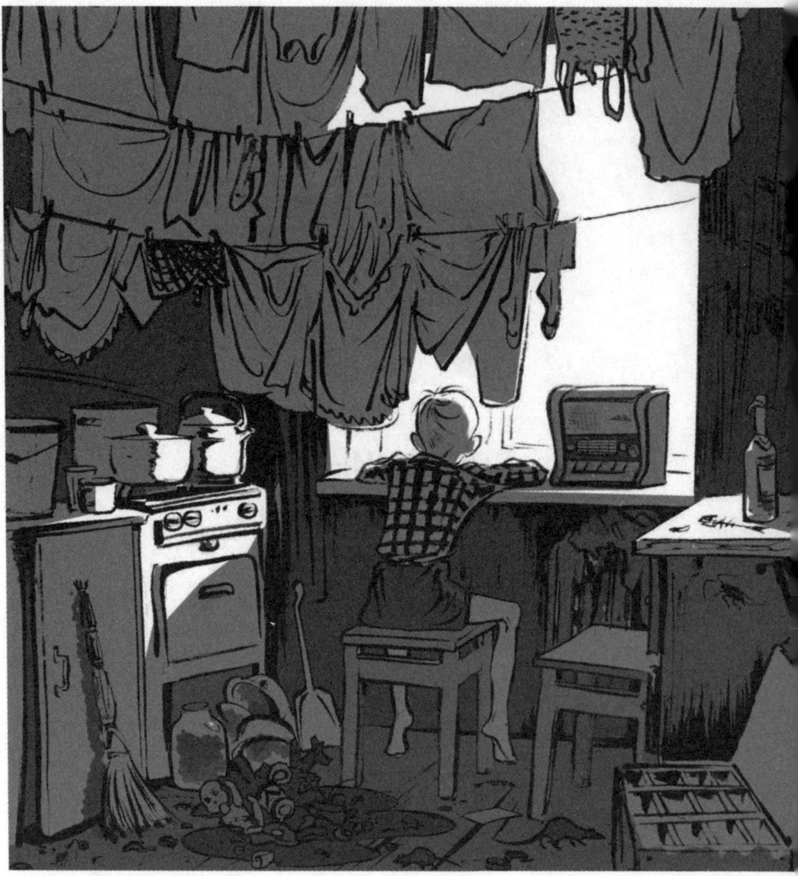

— Уроки сделал?
— Я потом.
— Марш делать уроки!
— Мам, я послушаю только...
— Нечего там слушать.
— Ма-ам...
— Я что сказала?
— Я хочу послушать...
— Выключи радио!
— Нет, мамочка, нет...
— Выключи сейчас же!
— Нет! Ну пожалуйста, не надо! Мамочка, не надо!

Щелк.

— А-а-а-а!..
— Прекрати выть, идиот!
— А-а-а!
— Не смей! Вот только попробуй! Вот только попробуй включить радио!
— Ы-ы-ы...
— Идиот!
— Ы-ы-ы...
— Кончай реветь! Через минуту чтобы сидел делал уроки!
— Ы-ы-ы... Ы-ы-ы...
— Смотри! Вернусь, не будешь делать уроки — излупцую!

Хлоп.
Щелк.

— ...слушали Третий концерт Сергея Рахманинова для фортепиано с оркестром, ре-минор, в исполнении Филадельфийского оркестра. Дирижер — Юджин Орманди. Солист — народный артист СССР Эмиль Гилельс.
— Ы... Ы... Ы...

98.

ГОЛОСА В СУМЕРКАХ

— Они за вами следят. Все время следят. И сейчас.
— Да.
— Почему?
— Можно, я не скажу?
— Можно. Только боюсь.
— Айгуль, я перед вами очень виноват...
— Нет. Вы хороший, я вижу.
— Можно, я возьму вас за руку?
— Да.

99.

ТЕЛЕФОННЫЙ РАЗГОВОР

— У них тут любовь, товарищ генерал.
— С уборщицей?
— Так точно.
— Секс был?
— Вот, собственно, в настоящий момент.
— Ему хорошо?
— Не могу знать, товарищ генерал.
— Ему должно быть хорошо!
— Понял. Посодействовать?
— Отставить!
— Есть отставить.
— Следите — и держите меня в курсе.

100.

РАЗГОВОР В ТЕМНОТЕ

— Ну что вы... Что вы!
— Простите меня...
— Это ничего. Человек плачет... Ничего!
— Слезы. Орган секреции. Как это происходит? Так странно...
— Мой отец плакал, когда брата убили. Сидел, плакал. Брата убили, дом сожгли, все взяли... Не убили его. Потом умер.
— Бедная Айгуль...
— Гульнар — так похожа. Иногда вижу ее, тоже плачу.
— Ваша дочь?
— Да.
— Там, утром, на дорожке?
— Да.
— Красивая девочка.
— Да. Хорошая...
— Сколько ей лет?
— Девять. Осенью будет десять.
— Осенью... Айгуль, мне так грустно!
— Какой сильный ветер. Как деревья шумят... Ой! Гульнар!

101.

ДИАЛОГ В МАШИНЕ С «КРЯКАЛКОЙ»

— Ураганное предупреждение, Клим Игнатьевич!
— Вижу.
— Ехать?
— А что говорят?
— Разное говорят. Гидрометеоцентр говорит: ветер северо-западный, до ста метров в секунду. А люди говорят: издец пришел, как обещали.
— Ехать!

102.

ГАДАНИЕ ПО КНИГЕ.
СТР. 57, СЕДЬМАЯ СТРОКА
СВЕРХУ

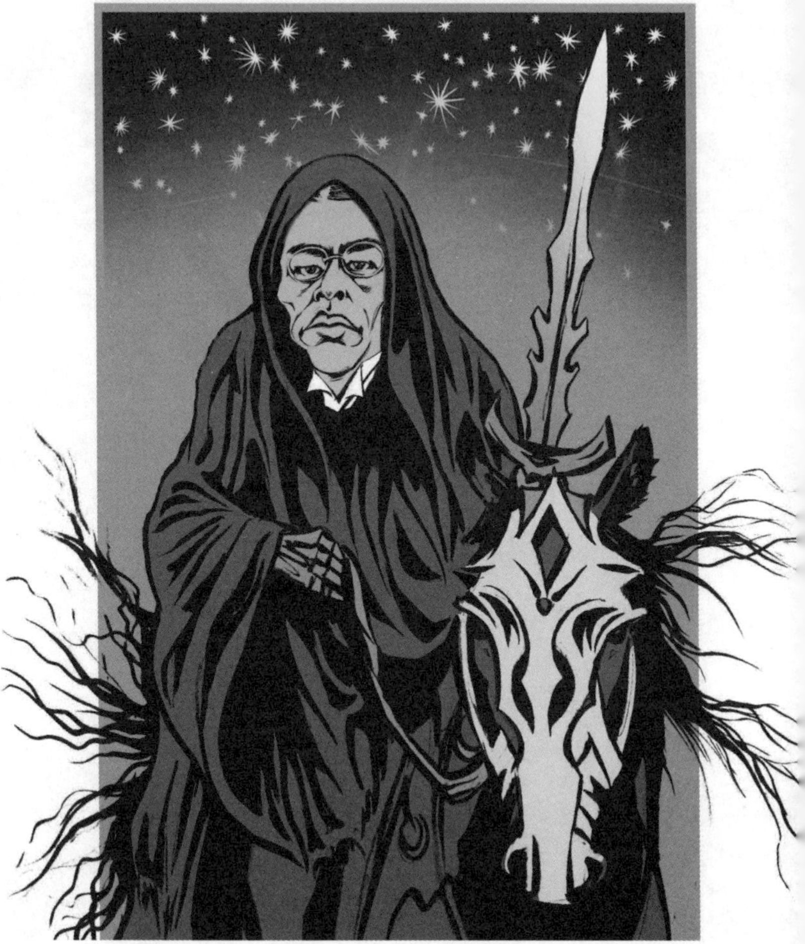

«Раскачка, выворот, беда…»

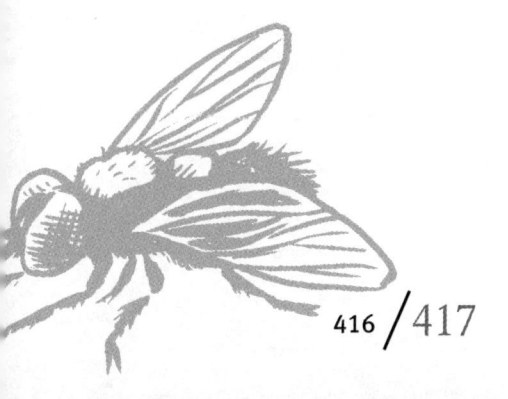

103.

ГОЛОСА У ОКНА

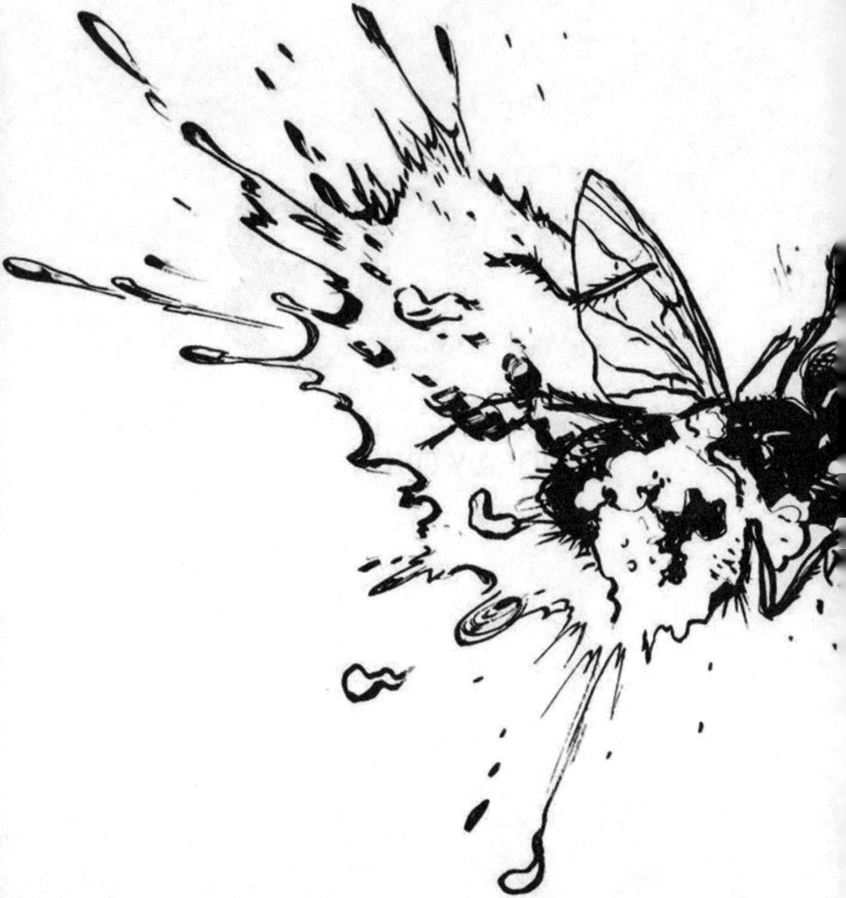

— Боже мой!
— Я тебе говорила, говорила!
— Ну и ветрище. Кошмар…

_# 104.

РАЗГОВОР В ШТАБЕ

— Семенов! Хорош пить. Поднимай эскадрилью.
— Куда?
— Не знаю. Приказ министра.
— Там же ураган!
— Ну.
— Он что, лудак?
— А ты не знал?
— Знал. С кем война?
— Ищут пока. Ты давай, выполняй приказ помаленьку... Рожу кирпичом — и начинай суетиться. А то война не война, а клизму поставят на обе половины.

105.
РАЗГОВОР ЗА СТАКАНОМ

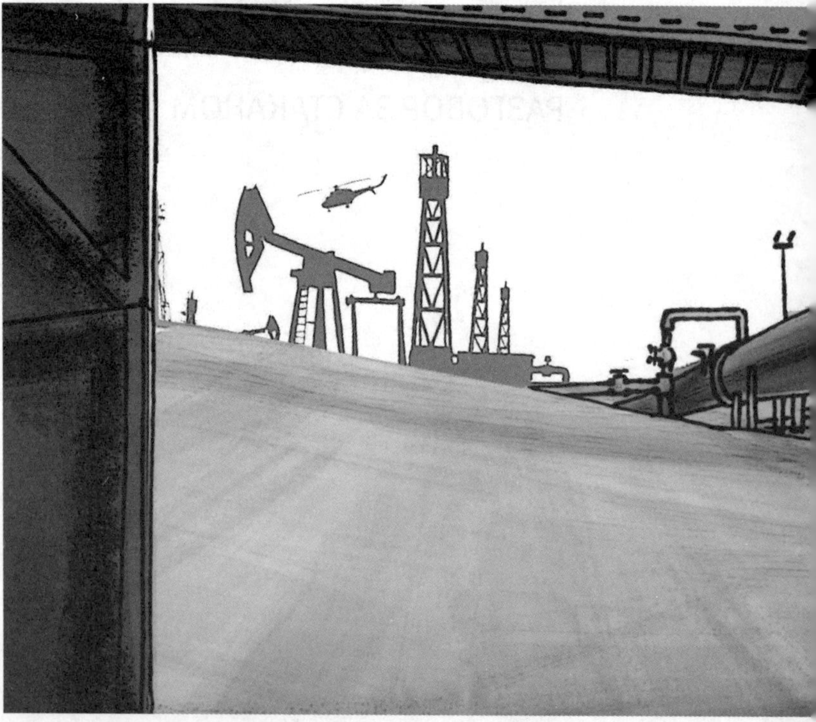

— Погоди. А как же рыбалка?
— Какая рыбалка! — конец света...
— Это я что: зря купил снасти?
— Зря.
— Не, мы так не договаривались...
— С кем?
— А нельзя его перенести?
— Куда?
— Ну на потом куда-нибудь...
— Петя, конец не переносится.
— Ч-черт... Слушай, тебе снасти не нужны?

106.

ФЕЙСБУК. ПОЛЬЗОВАТЕЛЬ КАТЯ ТРОСТИНОЧКА

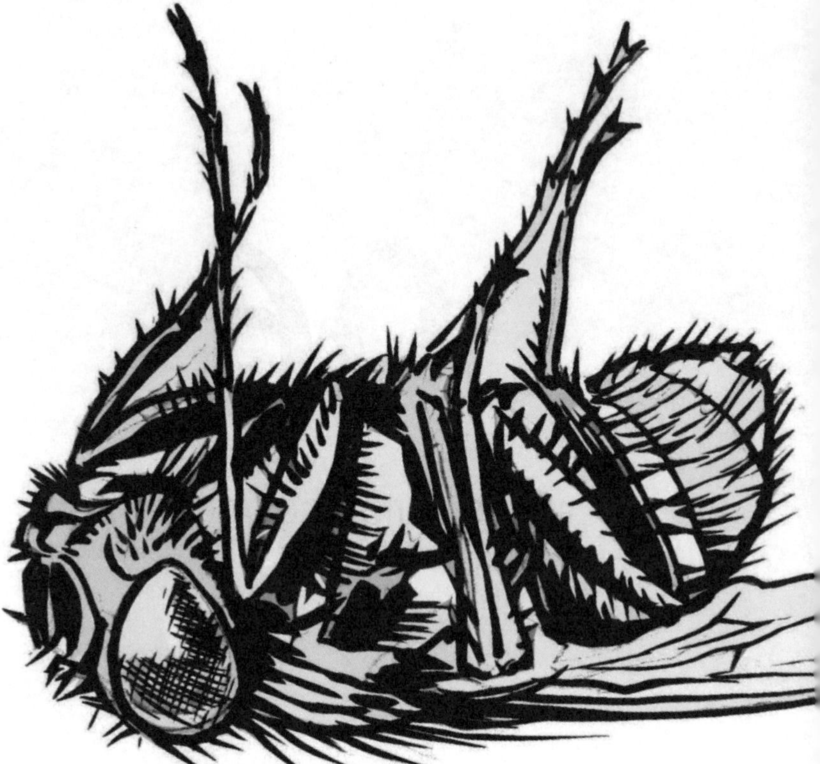

«ПРОШУ СРОЧНО ПЕРЕПОСТ! Всем-всем-всем! Надо скрестить пальцы и повторять "фигули на рогули, бодай тебя комар". И все будет хорошо!»

107.

ТЕЛЕФОННЫЙ РАЗГОВОР

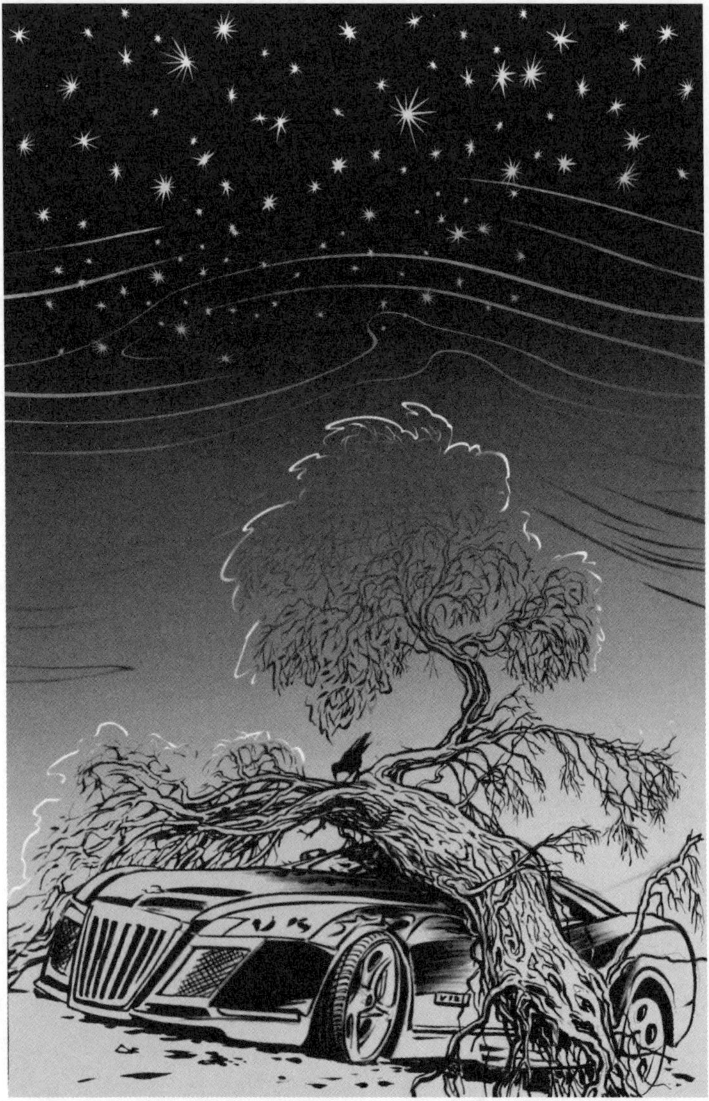

— Звонарев говорит! Генерала дайте, срочно!
— Нет его.
— В каком смысле?
— В таком.
— А когда будет?
— Уже не будет, я думаю.
— Но он играет! Передайте там: он играет!
— Кто?
— Сырцов! Он играет на флейте!
— Да на здоровье. Мужик, это не консерватория.
— А кто?
— Это реанимация.

108.

РАЗГОВОР В ОТДЕЛЕ Z

108

— Слышал про Постнова?
— Что?
— Да то. Помер.
— Как помер?
— Физически. Деревом убило, ночью.
— Да ладно тебе!
— Вот тебе и ладно. На машину упало, на Новой Риге...
— Само упало?
— Вроде само.
— Интересный поворот.
— Не то слово.
— И кто теперь?
— Скажут. Без генерала не останемся.

109.

ГОЛОСА НА РАССВЕТЕ

— Красота какая! Миш, погляди.
— Ага... Живем!
— Надо же, как тихо...
— Давай трахнемся, раз все равно живем?
— Дурак.
— Сама дура. «Конец света, конец света...» Иди сюда, дура ненаглядная!

110.

ТЕЛЕФОННЫЙ РАЗГОВОР

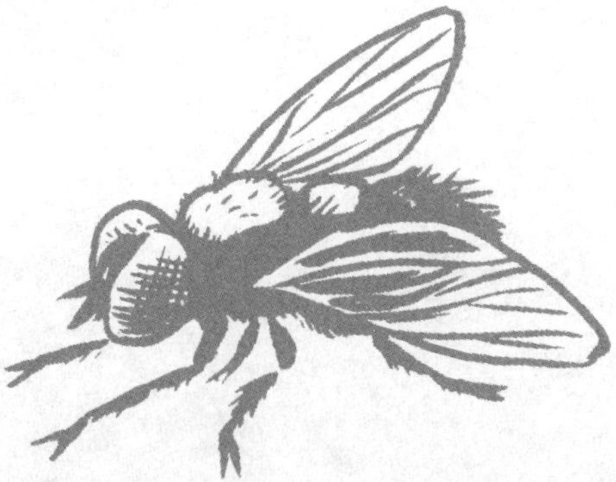

— Спит, товарищ генерал! Разбудить?
— Зачем?
— Не знаю.
— Во сколько он играл?
— На флейте?
— На хуельте!
— Начал в 0-47, товарищ генерал, закончил в 2-09.
— Какая была музыка?
— Не знаю.
— Опишите!
— Музыку?
— Да!
— Ну, такая...
— Понятно. Что там у вас сейчас?
— По графику, товарищ генерал. Завтракаем.
— С погодой как, спрашиваю!
— Все тихо.
— Проснется, узнайте у него осторожненько: это — он?
— Есть узнать, это он!
— Или не он.
— Или не он.
— Как фамилия?
— Сырцов!
— Ваша!
— Звонарев.
— Не надо ничего узнавать, Звонарев. Тебе — не надо ничего узнавать! Сиди, засекай время.

111.

УТРЕННИЙ РАЗГОВОР С НЕИЗВЕСТНЫМ

— Доброе утро, Сергей Иванович, приятного аппетита. Можно мне присесть?
— Да.
— Как ваше настроение?
Молчание.
— Отличный день!
— Да.
— Солнце, свежо... А ночью какой ураган был, а! Жуткое дело.
— Да. Страшно.
— Вам тоже? Хе-хе... А мы тут как испугались, представляете?
— Да.
— Вы так хорошо играли ночью! Мы просто заслушались. Такая гармония! Столько в этом было добра, любви к людям...
— Уходите. Сейчас же уходите, пожалуйста!
— Конечно. Сейчас. Вы только скажите: ведь мы можем рассчитывать на новый этап в наших отношениях, да? Мы ведь очень стараемся.
— Да. Вижу.
— Мы действительно осознали! Мы...
— Дело не в вас.
— Конечно! Главное, что вы остановили этот ужас. Ведь это сделали вы, да? Сегодня ночью — это вы?
— Я не знаю.
— Как... не знаете?
Молчание.
— Не знаю. Но я попросил о прощении.
— Для нас?

— Да. И для вас, получается, тоже.
— Спасибо вам! Спасибо! Мы очень благодарны! Постараемся оправдать высокое возложенное доверие. Кстати, Айгуль...
— Что?!
— Айгуль. Мы подумали: будет правильно повысить ей зарплату. Вдвое. И оформить российское гражданство. Гуманитарный аспект! Ну и вообще, теперь все будет хорошо. Ухожу, ухожу!

112.

ГОЛОСА В ШТАБЕ

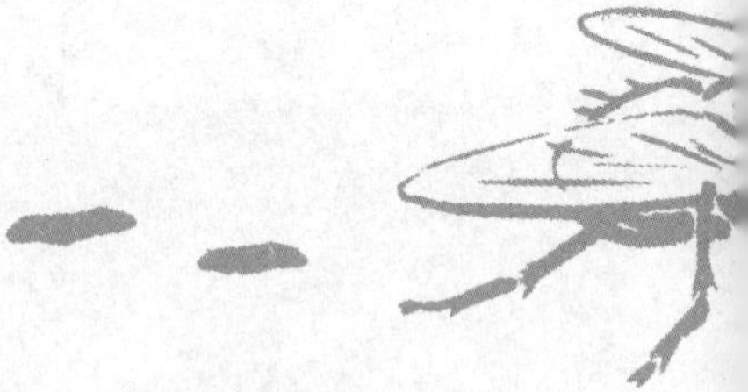

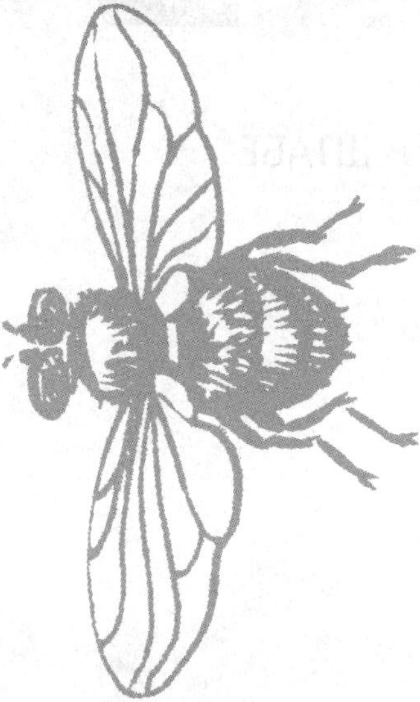

— Йес-с!
— Господи!
— Слава богу...
— Сука, все нервы истрепал.

113.

ПОСЛЕДНИЙ РАЗГОВОР СЕРГЕЯ СЫРЦОВА С АЙГУЛЬ САКИЕВОЙ

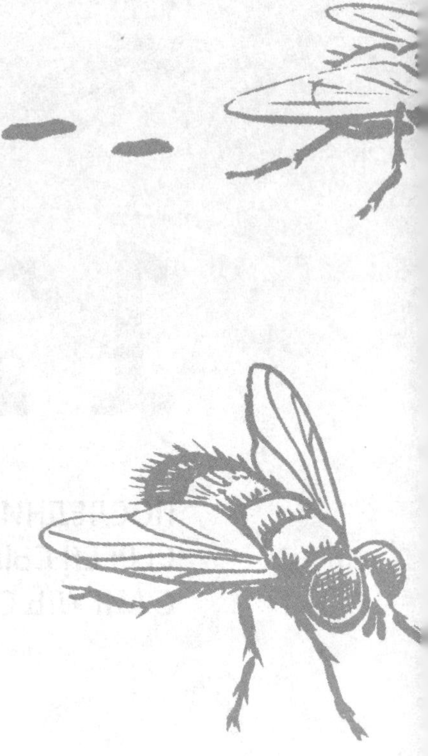

— Я не знаю, кто я... Так странно! Раньше знал, а сейчас уже не понимаю...
— Это не важно. Важно, что — солнце, день... Смотри!
— Что это?
— Это ты!
— Это Гульнар нарисовала?
— Да.
— Я — такой?
— Да.
— Правда?
— Да!
— Надо же. На человека похож! Ай-гуль... Милая... Как ты хорошо смеешься... И как ты вкусно пахнешь...

114.

СОВЕЩАНИЕ В ШТАБЕ

— Ну и что с ним теперь делать?
— Не знаю. Решайте...
— В смысле?
— Ну не знаю... Он положительное заключение — туда — передал?
— Вроде да.
— «Вроде» — или «да»?
— Говорит, передал!
— Ну и хорошо. Теперь надо что-то сделать, наверное... пока он обратно не передумал.

115.

ПАНСИОНАТ «ТАЙНЫЕ ДАЛИ». НОВЫЕ ГОЛОСА

— Да-а... Живет начальство!
— Звездатое местечко!
— Надо будет потом остаться, в теннис поиграть.
— Гы-ы...
— Отставить.

116.

ГОЛОСА В НОМЕРЕ ЛЮКС

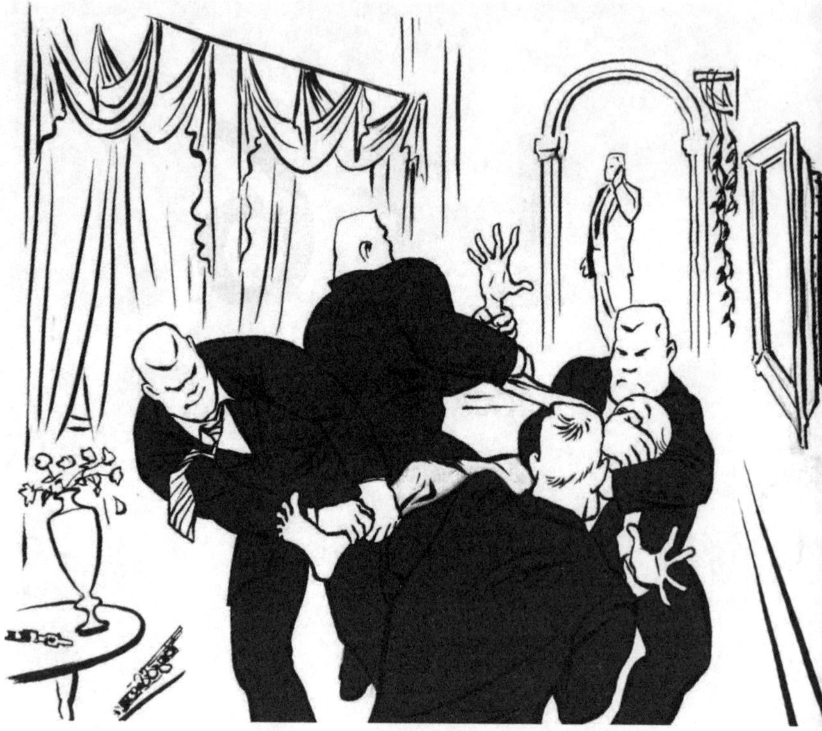

— Кто вы?
— Мы? Сейчас расскажем.
— Это моя флейта...
— Конечно, ваша.
— Не трогайте мою флейту!
— Спокойно, Сергей Иванович...
— Положите флейту!
— Тихо, ты...
— А! Ы-ы-ы...
— Ноги держи ему. Держи ноги!

117.

**РАЗГОВОРЫ НА КУХНЕ
(ПАНСИОНАТ
«ТАЙНЫЕ ДАЛИ»)**

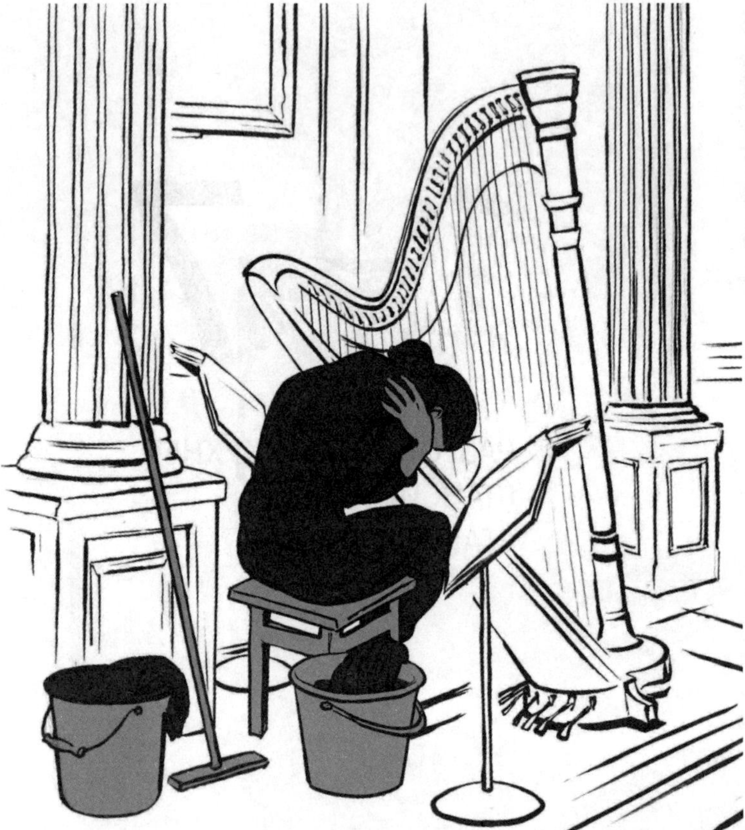

— Сидит опять, раскачивается...
— Ага! Как ёмарь ее пропал, так и качается. Третий день уж. И молчит.
— Да ладно вам, девочки! Жалко же...
— А куда он делся?
— Этот? Не знаю.
— Игнатов сказал, в тот день приезжали какие-то, одинаковые...
— Молчи ты.

118.

ГОЛОСА В ЭЛЕКТРИЧКЕ

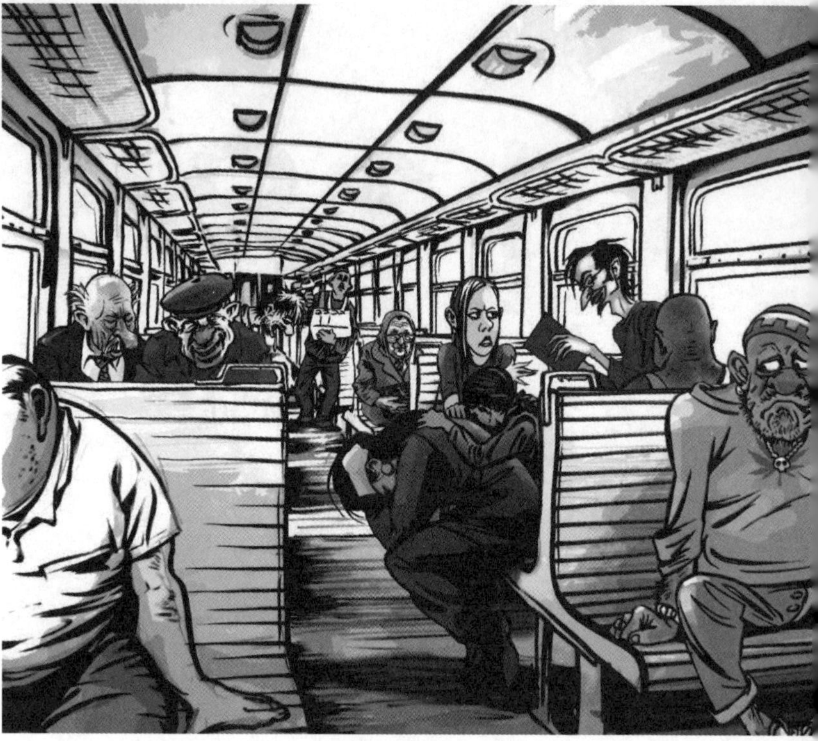

— Добрый день! Вашему вниманию предлагаются необходимые в быту вещи: лазерная указка, фонарик на голову, электрошокер, нашлепки со светоотражателем! Вертолетик детский, производство Китай, тридцать рублей! Сборник «Тысяча судоку»! Кроссворды, сканворды, гороскопы на каждый день!
— Следующая станция — Расторгуево!
— Мамочка, не плачь. Все будет хорошо.
— Солнышко мое. Гульнар...

119.

ВОПРОС БЕЗ ОТВЕТА

— А где эта... Сакиева?

120.
ПРОГРАММА «ВРЕМЯ»

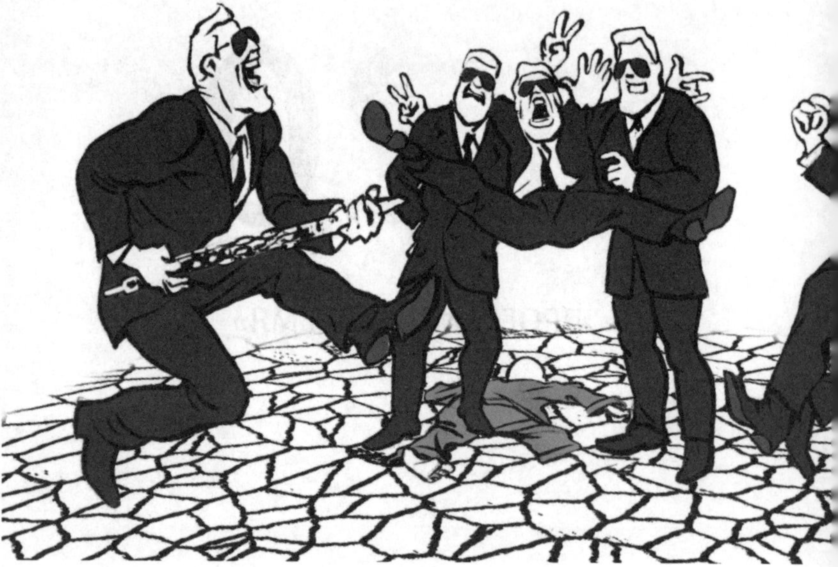

«В начале августа спецслужбы Российской Федерации предотвратили террористический акт, последствия которого, если бы он был осуществлен, даже трудно себе представить. Террорист, чья фамилия пока не называется, был уничтожен при попытке применения гравитационного оружия...»

121.

АНОНС НА КАНАЛЕ «РОССИЯ»

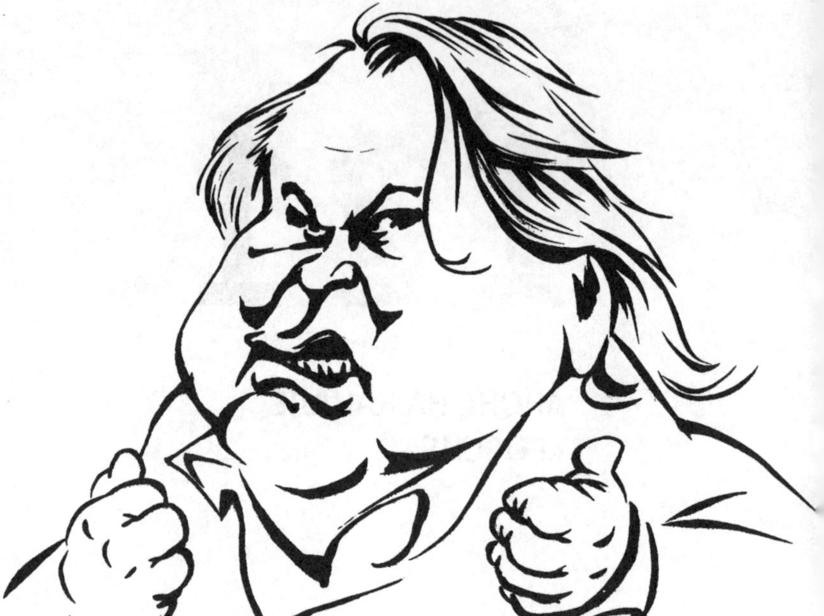

— Смотрите в вечернем эфире! Фильм Аркадия Мамонтова «Кто заказывал Апокалипсис?». Антирусский космос: они пытались говорить с Россией языком шантажа! Операция, спасшая мир! Впервые — эксклюзивные съемки того, кто поставил человечество на грань катастрофы! Нити тянутся в Лондон... Оппозиция на службе у черной бездны... «Кто заказывал Апокалипсис?» — сегодня, сразу после программы «Вести»!

122.

**ПРОГРАММА
АНДРЕЯ МАЛАХОВА
«ПУСТЬ ГОВОРЯТ»**

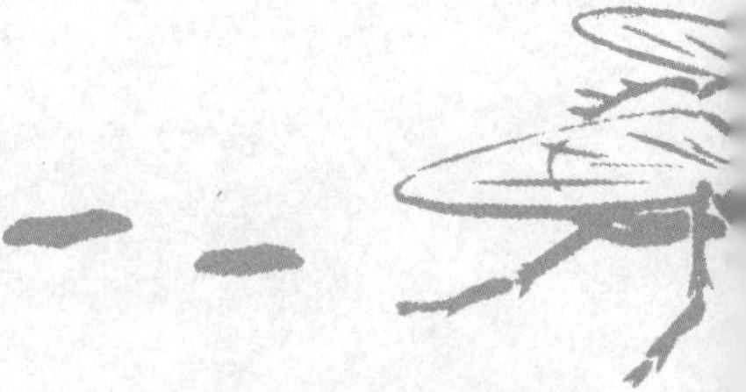

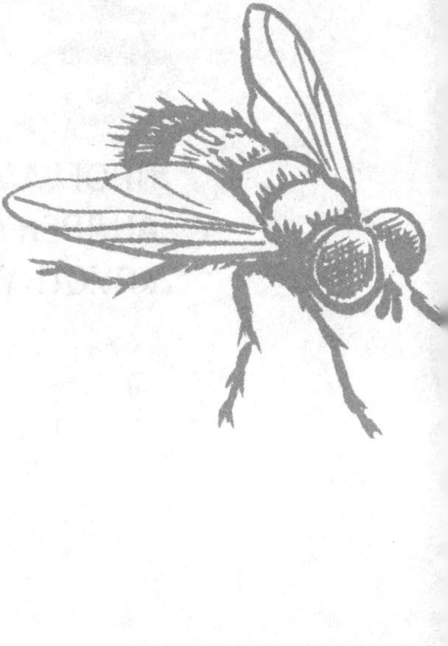

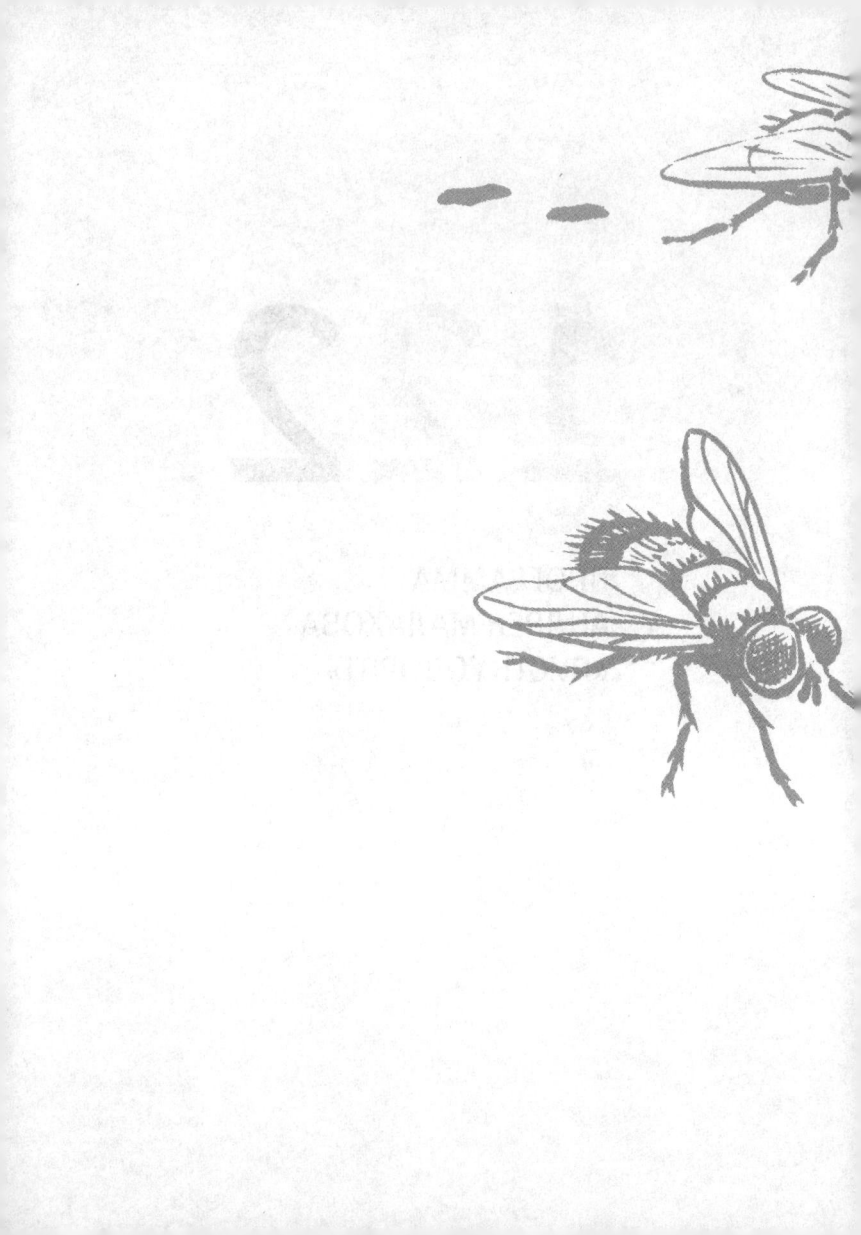

— Сегодня вы услышите то, чего еще никто не слышал! Леденящие душу подробности реального триллера! В нашей студии — подполковник Корнеев, человек, первым вступивший в смертельную схватку с инопланетянами за жизнь на Земле. Ваши аплодисменты!
— Вау-у-у-у!..

123.

ПРОГРАММА «ВРЕМЯ»

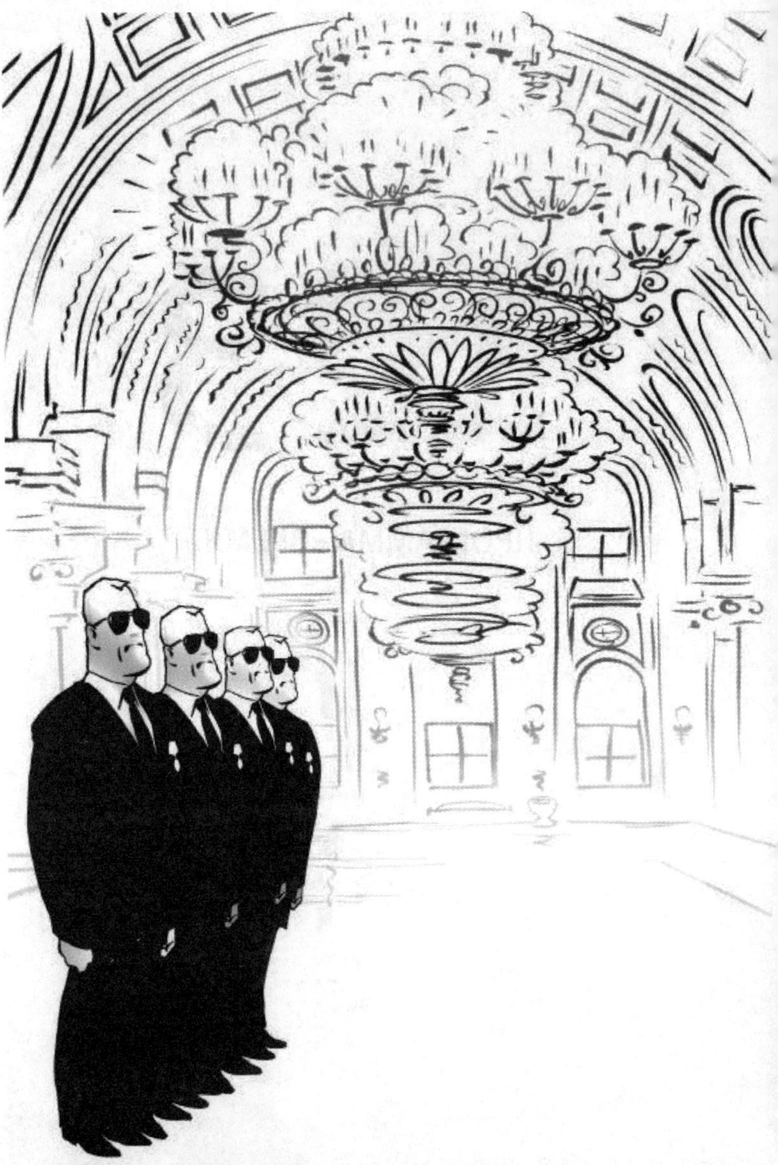

«Сегодня в Сочи Президент Российской Федерации Владимир Владимирович Путин встретился с группой офицеров ФСБ, участников легендарной операции "Бекар". Участники поблагодарили президента за заботу о Родине и личную помощь в проведении операции и подарили ему слиток серебра, изготовленный из оружия, которым террорист хотел уничтожить человечество...»

124.

ЧАСТУШКА

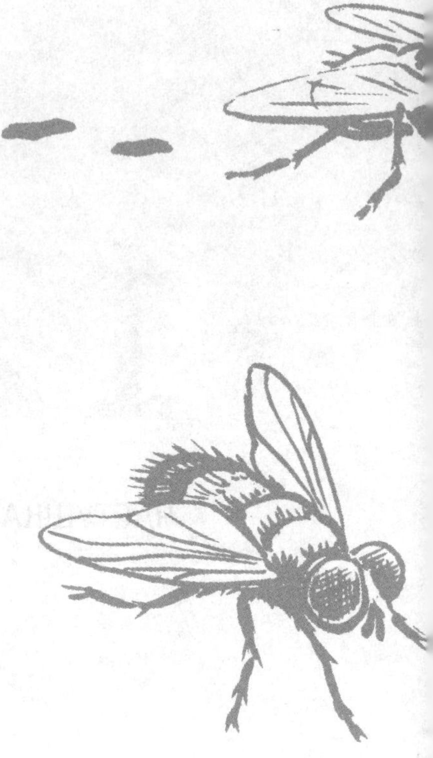

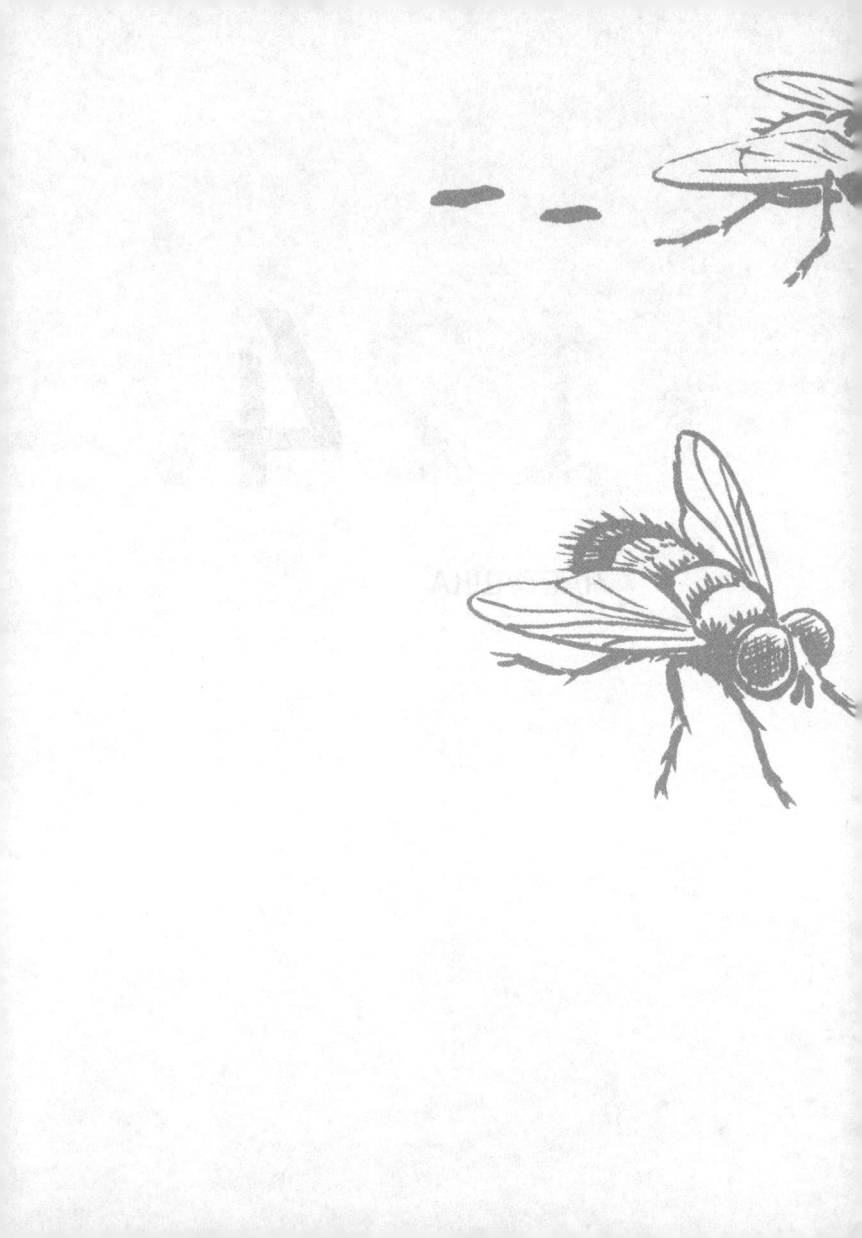

Я по улице прошлась,
Музыканту отдалась.
Ни куя, ни рожицы, —
Но мало ли, как сложится!

125.

СООБЩЕНИЕ САЙТА ЛЕНТА.РУ

«В Храме Христа Спасителя, где в эти минуты проходит молебен за здравие руководства России, четвертый час ожидается прибытие руководства России. Перекрыты Кутузовский и Новый Арбат, Тверская и Манежная улицы, Ордынка и Большой Каменный мост. Полностью, в обе стороны, замкнулись Садовое и Третье Транспортное кольцо. Водители встречают кортеж приветственными гудками».

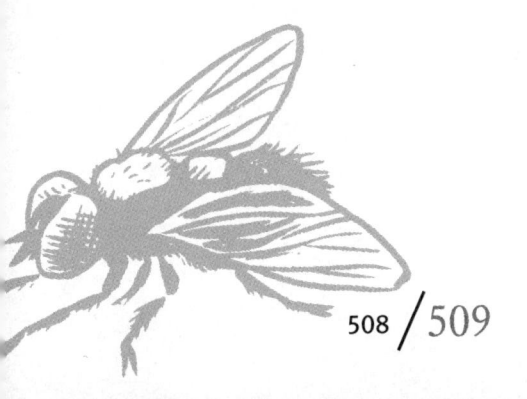

126.

КУЛЬТУРНАЯ ХРОНИКА

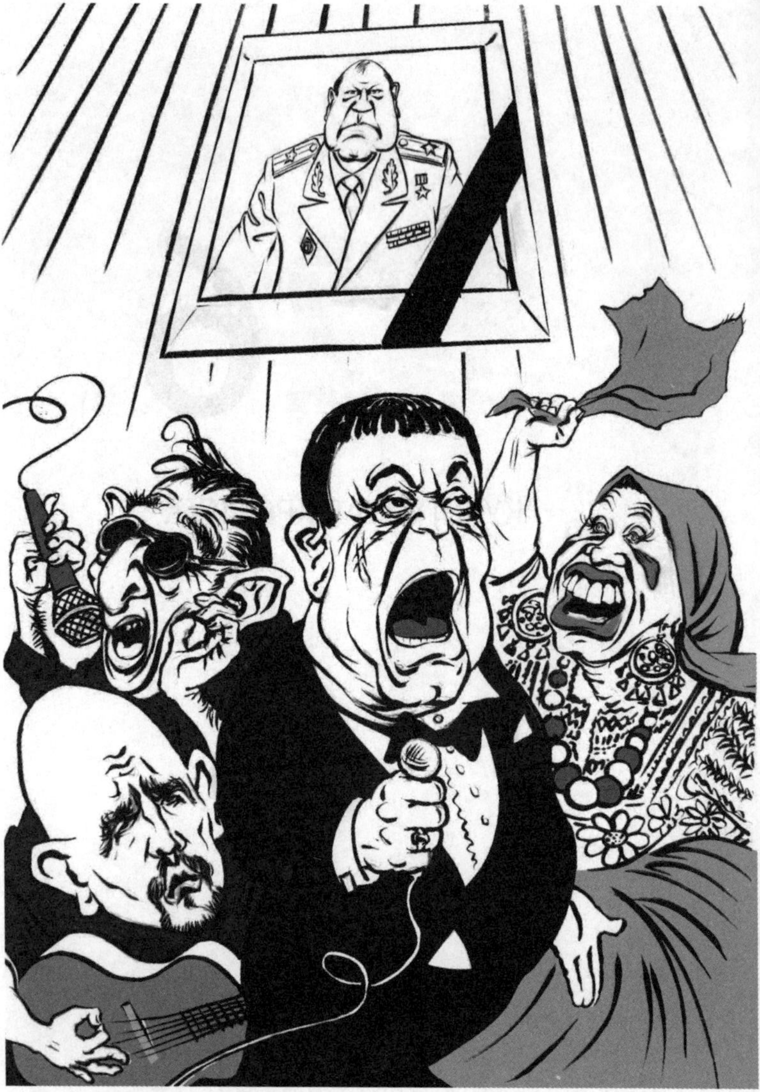

«Сегодня в "Крокус Сити Холле" состоялся концерт, посвященный памяти Героя России генерала ФСБ Постнова, погибшего при ликвидации гравитационного заговора музыкантов. В концерте приняли участие певец Трофим, Григорий Лепс, Тимати и Надежда Бабкина. В завершение вечера на сцену вышел Иосиф Кобзон, который поет до сих пор...»

127.

НОВОСТИ КИНО

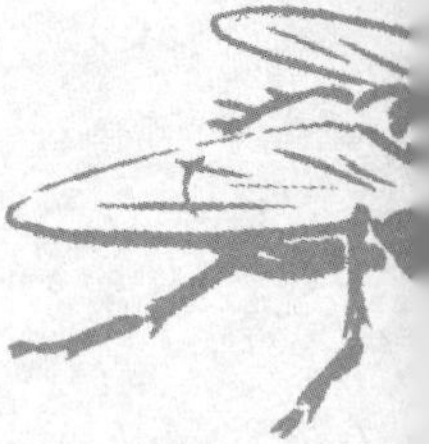

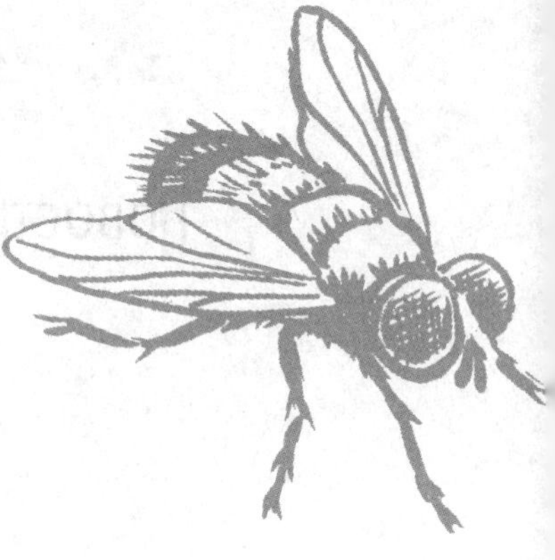

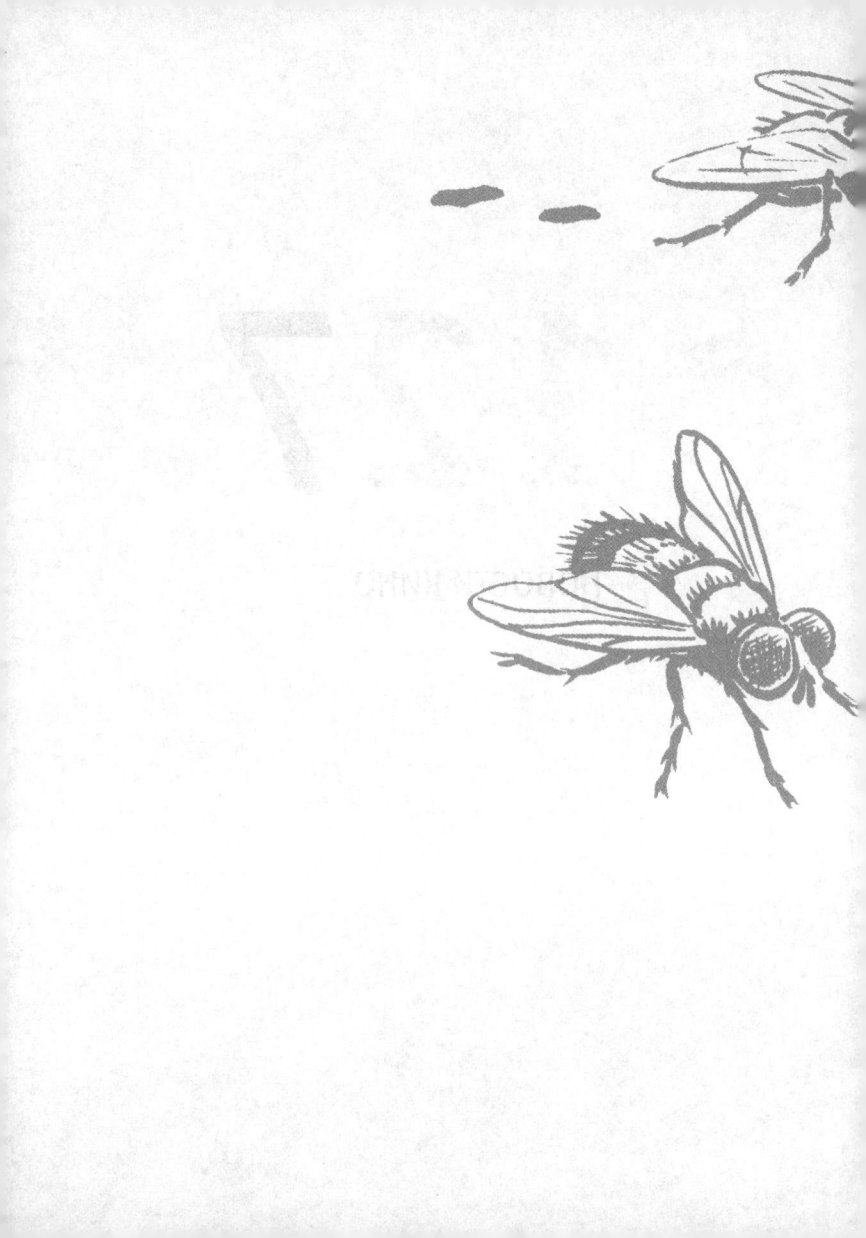

«Режиссер Джаник Файзиев приступает к съемкам блокбастера "Бескорыстие". Смета фильма $28 миллионов. Сюжет картины основан на реальных событиях этого лета...»

128.

ИЗ «РОССИЙСКОЙ ГАЗЕТЫ»

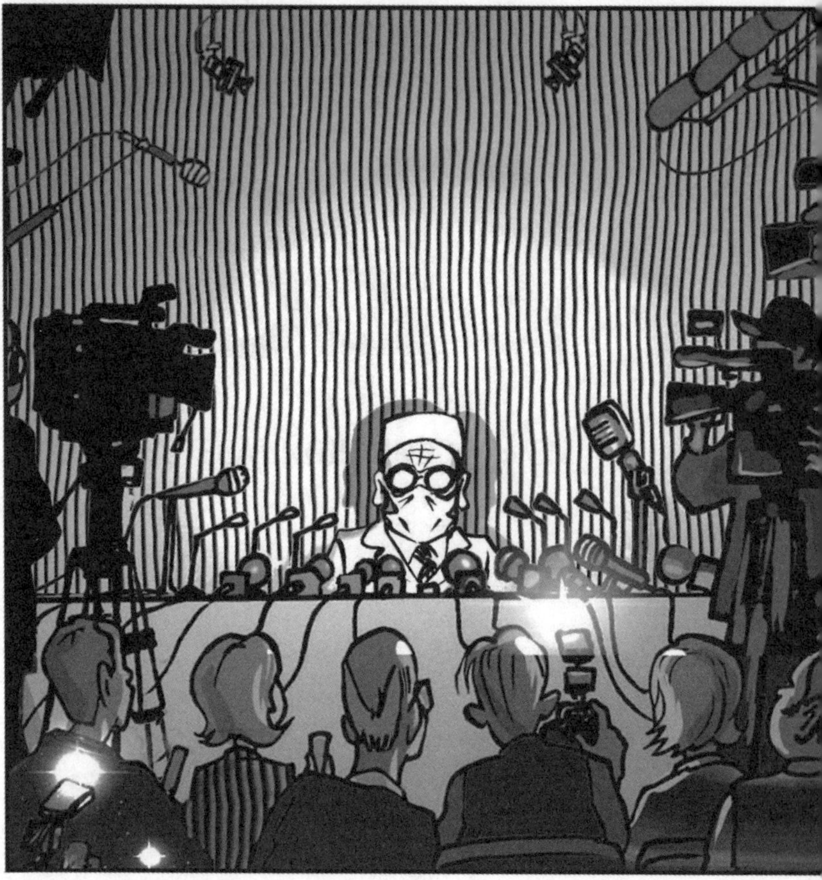

«Недавно ряды партии "Единая Россия" пополнились заслуженным врачом России, кавалером ордена "Знак Почета" психиатром Синицыным, получившим всенародную известность своим участием в раскрытии гравитационного заговора музыкантов. Выступая на съезде партии, Синицын отметил необходимость в эти ответственные дни повысить бдительность и еще плотнее сплотиться вокруг руководства нашей страны...»

129.

ГАДАНИЕ ПО КНИГЕ.
СТР. 196, ШЕСТАЯ СТРОКА
СВЕРХУ

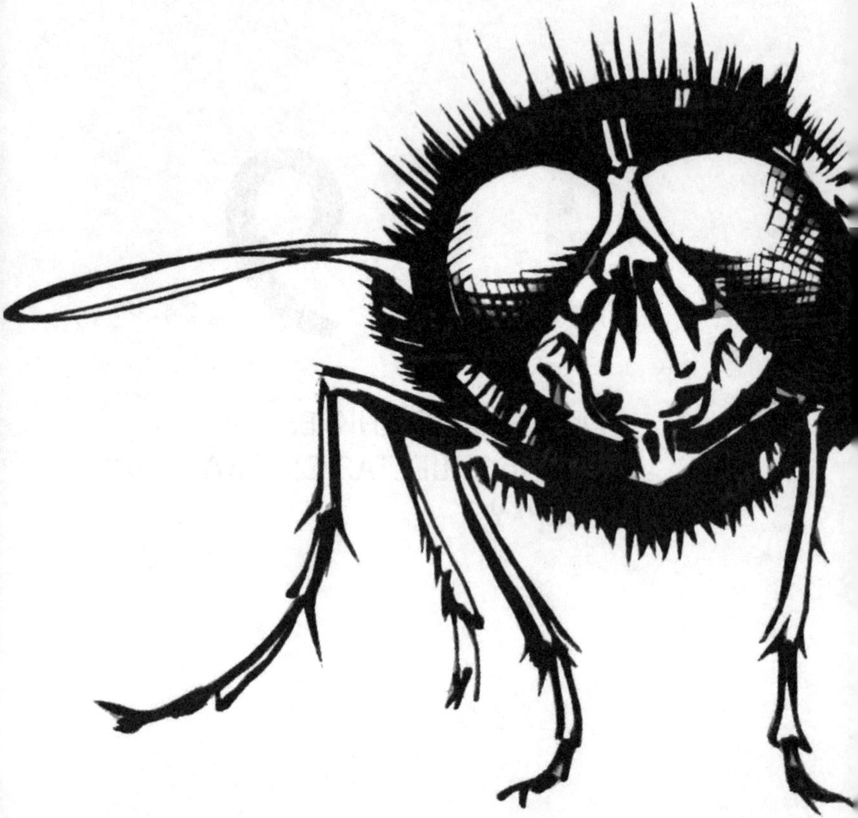

«Безумца диким лепетаньем...»

130.

ПРИКАЗ

«За появление на работе в нетрезвом виде и хулиганские действия, несовместимые со статусом медицинского работника, уволить врача Дубко Г. И.

Подпись: главный врач Синицын Н. П.»

131.

РАЗГОВОР
В ОРДИНАТОРСКОЙ

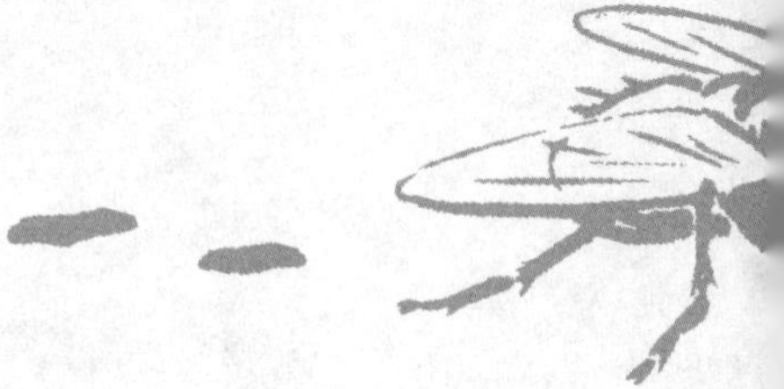

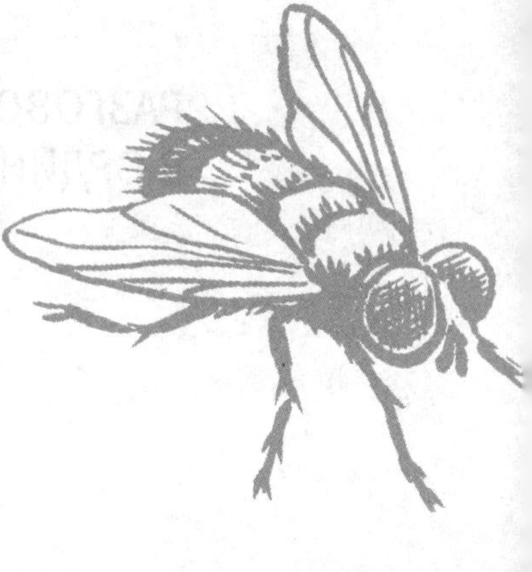

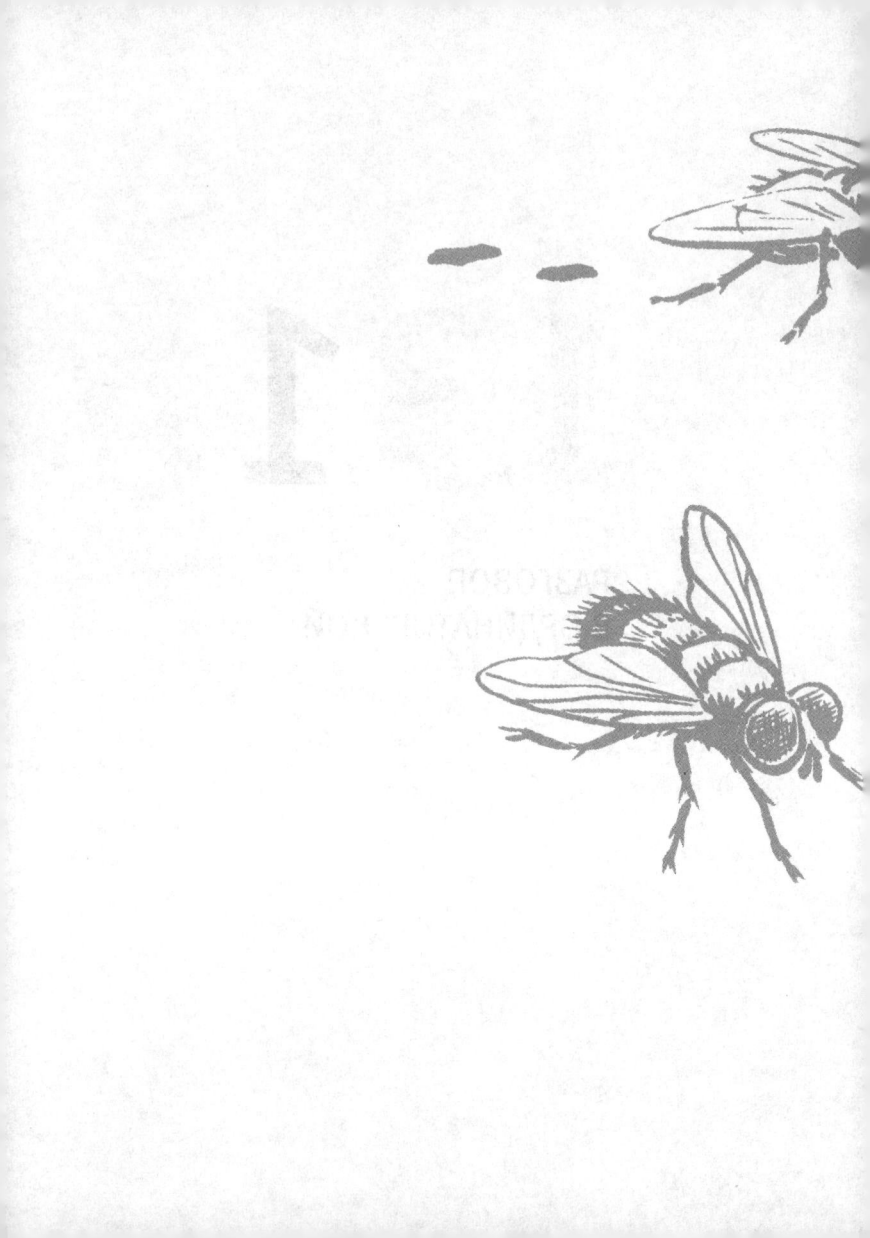

— Синицыну?!
— Ага. Вчера, при всех, на летучке.
— Черт! Надо же! Прямо по морде?
— Ну!
— Что-нибудь сказал?
— Сказал, но довольно коротко. Спросил только: «Доволен, болван?». И сразу по морде.
— А тот?
— Синицын? Заверещал на всю больницу. Всех психов распугал.
— Не, ну что за невезуха, а? Один раз в жизни такое, а я пропустил...
— Да, это надо было видеть... Настоящий буйный!
— Кто?
— Жора, кто.
— Жора — нормальный...

An
mae

Finale

dante

stoso

132.

В ПОЛИКЛИНИКЕ

2

— Ну что же, Айгуль… У вас восьмая неделя беременности.

133.

ИЗ СВИДЕТЕЛЬСТВА О РОЖДЕНИИ

Имя новорожденного — Сакиев Альмир.
Мать — Сакиева Айгуль Альмировна.
Отец — прочерк.

134.

ГРАФФИТИ НА ДОМЕ, ГДЕ ЖИЛ СЫРЦОВ

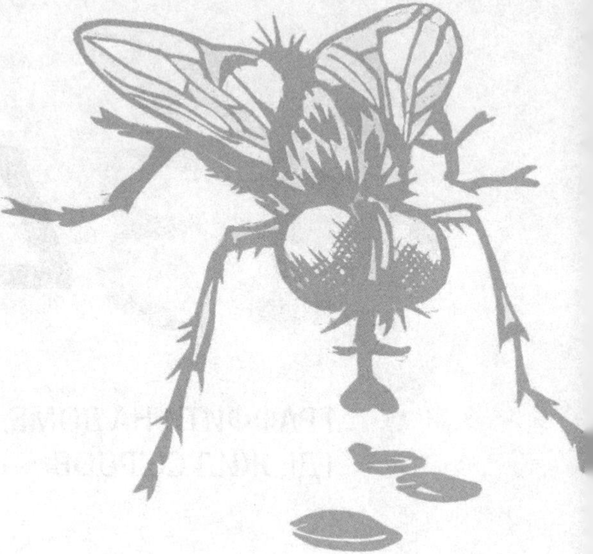

ЗАЧЕМ?

135.

РАЗГОВОР ГЕОРГИЯ ДУБКО СО СВОИМ КОТОМ

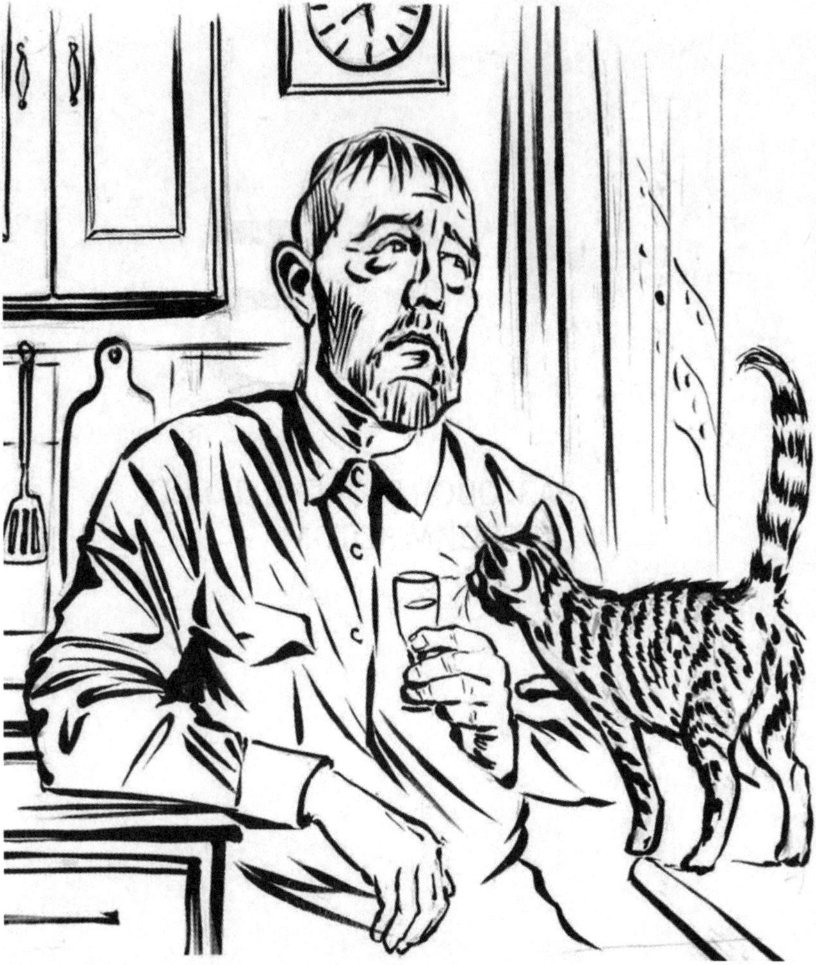

— Что, пришел? Тоже хочешь? Ну на... Не пьешь? Правильно, — мне больше останется. До конца света успеем... Будь здоров, Котович. Слушай, а может, он и вправду был пришелец, а? Что молчишь?
— Мр-р-р...

136.

ШЕСТЬ ЛЕТ СПУСТЯ.
ДЕНЬ ГОРОДА. ГОЛОСА

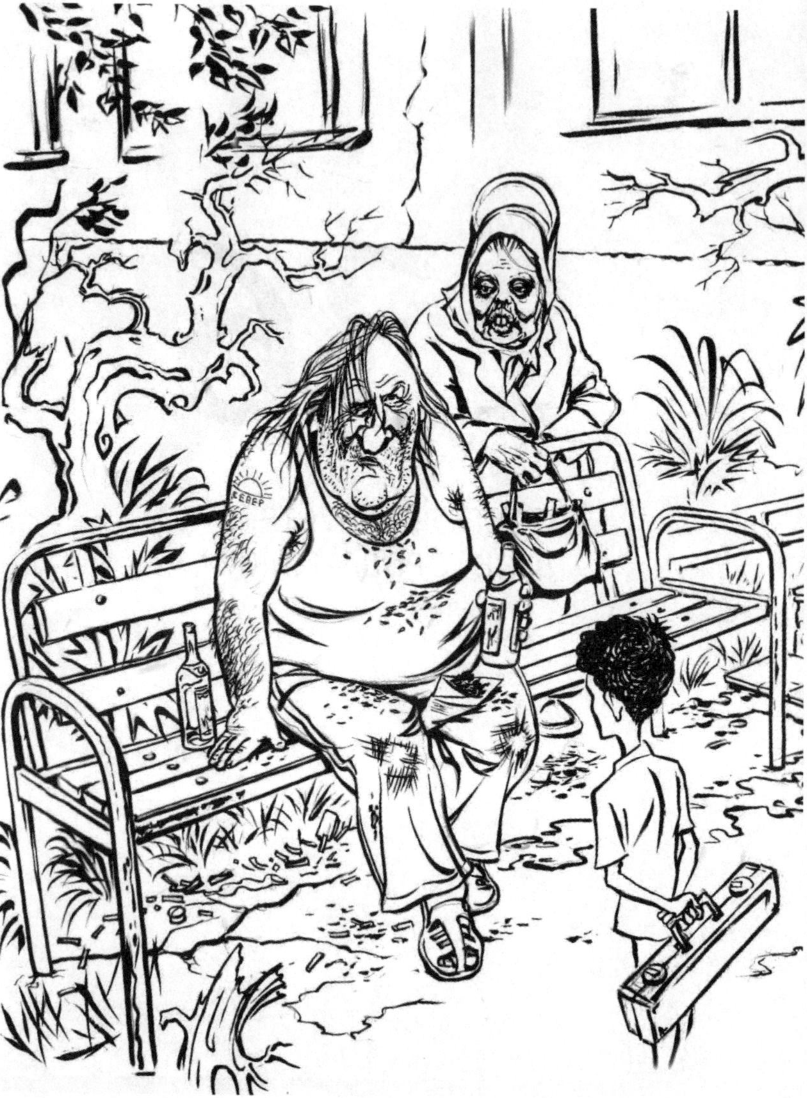

— ...Москва встречает наших замечательных спортсменов, в нелегкой борьбе отстоявших честь Родины!
— Ра-сси-я! Ра-сси-я!
— Дай краба, брат!
— Что вылупился, чуркестан?
— Да ладно, пускай смотрит...
— ...программа воспитания патриотизма!
— По пивасику?
— Не, ну я конкретно в шоке!
— ...путат Государственной думы отец Игумений Питерский...
— Нарожали чернозобых. Бегом отсюда, чуркестан! И скажи отцу, чтобы прятался, нах!
— Да ладно, он по-русски не понимает.
— Все он понимает! Во как глазами зыркает, зверек.
— Альмир! Альмир, иди сюда!

137.
РАЗГОВОР В МУЗЫКАЛЬНОЙ ШКОЛЕ

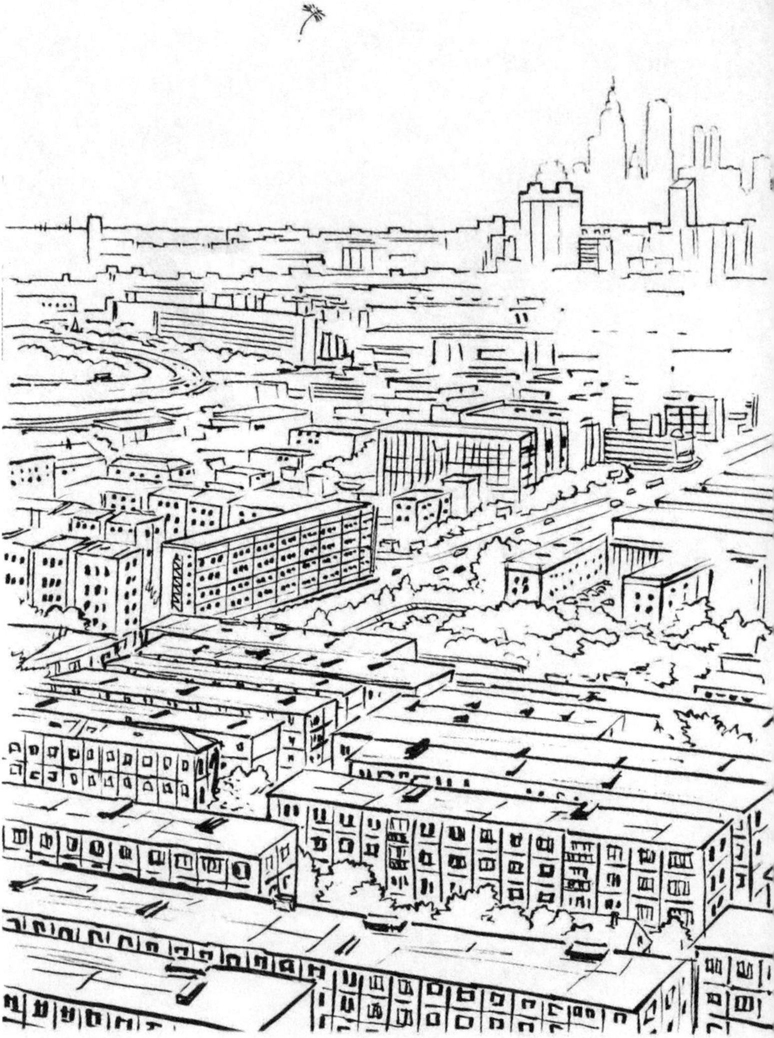

— Айгуль, у вас очень способный мальчик. Хороший слух, чувство ритма. И музыку чувствует... Только неразговорчивый. Правда, Альмир?
— Да. Он у меня молчаливый...
— Может быть, отдадим его на скрипку? У нас есть очень хороший педагог, я могу поговорить...
— Нет. Он хочет играть — на флейте.

зима-весна 2012 года

Литературно-художественное произведение

Виктор Шендерович

СОЛО НА ФЛЕЙТЕ

Редактор
Татьяна Тимакова

Корректор
Алла Гладкова

Художественный редактор
Валерий Калныньш

Подписано в печать 14.09.2014
Формат 70x108 ^{1}/$_{32}$.
Бумага офсетная.
Тираж 3000 экз.
Заказ № 705.

«Время»
115326 Москва, Пятницкая, 25
Телефон (495) 951 55 68
http://books.vremya.ru
e-mail: letter@books.vremya.ru

Отпечатано в ОАО «ИПП «Уральский рабочий»
620990, г. Екатеринбург, ул. Тургенева, 13
http://www.uralprint.ru
e-mail: book@uralprint.ru

16+